北大经院论丛【第八辑】

直面新挑战 聚力新征程

孙祁祥 等 ◎ 著

图书在版编目(CIP)数据

直面新挑战，聚力新征程/孙祁祥等著.—北京：北京大学出版社，2022.12
（北大经院论丛）
ISBN 978-7-301-33592-5

Ⅰ.①直⋯　Ⅱ.①孙⋯　Ⅲ.①中国经济—经济发展—文集　Ⅳ.①F124-53

中国版本图书馆 CIP 数据核字(2022)第 217512 号

书　　　名	直面新挑战，聚力新征程 ZHIMIAN XINTIAOZHAN，JULI XINZHENGCHENG
著作责任者	孙祁祥　等著
责 任 编 辑	兰　慧
标 准 书 号	ISBN 978-7-301-33592-5
出 版 发 行	北京大学出版社
地　　　址	北京市海淀区成府路 205 号　100871
网　　　址	http://www.pup.cn
微信公众号	北京大学经管书苑（pupembook）
电 子 信 箱	em@pup.cn
电　　　话	邮购部 010-62752015　发行部 010-62750672　编辑部 010-62752926
印 刷 者	天津中印联印务有限公司
经 销 者	新华书店
	720 毫米×1020 毫米　16 开本　12.5 印张　185 千字 2022 年 12 月第 1 版　2022 年 12 月第 1 次印刷
定　　　价	54.00 元

未经许可，不得以任何方式复制或抄袭本书之部分或全部内容。
版权所有，侵权必究
举报电话：010-62752024　电子信箱：fd@pup.pku.edu.cn
图书如有印装质量问题，请与出版部联系，电话：010-62756370

序言　青山遮不住，毕竟东流去

孙祁祥

2021年，**我国隆重庆祝了中国共产党成立100周年**。我作为一名有着45年党龄的老党员，回顾中国共产党100年波澜壮阔的历史，真是感慨万千。2021年也是中国改革开放的第43个年头，中国这个有着14亿人口的发展中大国，用了不到半个世纪的时间，就帮助人民告别了贫困，实现了温饱，走上了小康路，创造了人类社会的伟大奇迹。2021年还是"十四五"规划的开局之年，在胜利完成了"全面建成小康社会"战略目标的基础上，"十四五"规划将开启我国全面建设社会主义现代化国家的新征程，中国现在比历史上任何时期都更接近中华民族伟大复兴的目标。

现代化是人类社会由传统的农业社会向现代工业社会和信息社会转变的过程；社会主义现代化就是在坚持中国共产党的领导、坚持社会主义制度的前提下，经济不断发展、社会不断进步、人民福祉不断增进、人的全面发展最终得以实现的过程。它是历代中国人的梦想与追求，是中华民族伟大复兴的必由之路。

1954年，毛泽东主席在一届全国人大一次会议开幕词中提出，要"将我们现在这样一个经济上文化上落后的国家，建设成为一个工业化的具有高度现代文化程度的伟大的国家"；1957年，毛泽东主席在党的八届三中全会上再次提出，要"将我国建设成为一个具有现代工业、现代农业和现代科学文化的社会主义国家"；1964年召开三届全国人大一次会议，周恩来总理作《政府工作报告》，提出要

"在不太长的历史时期内,把我国建设成为一个具有现代农业、现代工业、现代国防和现代科学技术的社会主义强国";1978年党的十一届三中全会做出了改革开放的伟大决策,奏响了新时期中国现代化建设的序章;1987年党的十三大报告提出"把我国建设成为富强、民主、文明的社会主义现代化国家";1997年党的十五大对进入21世纪后中国的现代化建设做出了新的规划,提出到21世纪中叶中华人民共和国成立100年时,基本实现现代化,建成富强民主文明的社会主义国家;2007年党的十七大报告提出"建设富强民主文明和谐的社会主义现代化国家";2017年党的十九大报告提出,从十九大到二十大,我们既要全面建成小康社会、实现第一个百年奋斗目标,又要乘势而上开启全面建设社会主义现代化国家新征程,向第二个百年奋斗目标进军。

经过历代中国人艰苦卓绝的奋斗,我们离中华民族伟大复兴的梦想越来越近了,但毋庸置疑,在建设现代化国家的新征程中,压力将会越来越大,挑战也会越来越严峻,这就首先需要我们保持战略定力。

回顾中国从1978年以来的历史我们可以看到,几十年来,尽管国际环境的风云变幻、亚洲金融危机、全球金融危机的破坏性影响,国外反华势力的挑衅打压,国内经济、政治、社会等各方面的问题、矛盾、质疑和争议,各种利益集团的博弈冲突等一直伴随着改革的进程,但中国共产党牢牢把握了事物发展的本质规律和基本趋势,瞄准长期目标,紧紧抓住了改革开放、经济建设这条主线,带领全国人民埋头苦干,使我国的经济规模、综合国力和科技实力不断跃上新的台阶。在未来建设社会主义现代化的新征程中,我们一定要保持这种战略定力,"不管风吹浪打,胜似闲庭信步"。

在建设现代化国家的新征程中,我们必须在进一步解放思想中深化改革。 中国四十余年的改革开放史,可以说就是一部思想解放史。没有思想解放,没有在尊重历史和国情的基础上认真学习、吸收和借鉴世界各国的优秀成果,中国不可能在短短的四十余年时间里创造出令世人瞩目的成就。思想解放之所以重要,是因为思想是人类一切行为的基础,人们在思想的指引下影响并改造客观存在;一旦思想受到束缚,人们的创新力和创造力就会受到极大的阻碍,而创新力和创造力是人类社会不断前行的动力。

习近平总书记在2018年1月23日中央全面深化改革委员会第二次会议上强调,"要弘扬改革创新精神,推动思想再解放、改革再深入、工作再抓实,凝聚起全面深化改革的强大力量,在新起点上实现新突破"。全面建设社会主义现代化国家,是我国经济社会发展中一个新的发展阶段,它一定会不断遇到不同于以往发展阶段的许多新问题。**唯有不忘初心,解放思想,冲破惯性思维、主观偏见和习惯势力,才能开拓创新,保持锐意改革的朝气,化解新的矛盾,迎接新的挑战。**

唯物辩证法认为,"内因是变化的根据,外因是变化的条件"。打铁还得自身硬。中国四十余年改革开放的历史证明了辩证法的这个道理;全球抗击新冠肺炎疫情在正、反两方面的实践更是无可辩驳地证明了这个道理。因此,在建设现代化国家的新征程中,我们必须认真解决好自己的问题,固本强基,以有效抵御外界的各种侵扰。

中国在过去几十年的发展中积累了雄厚的实力,但也存在许多困扰经济长期可持续发展的积弊和顽症,包括政府在一些领域的缺位与越位问题、发展不平衡不充分的问题、城乡区域发展和收入分配差距较大的问题、创新能力不适应高质量发展要求的问题、农业基础不稳固的问题、民生保障不足的问题、治理体系不完善的问题、生态环境形势依然严峻的问题,等等,这些问题不仅不会随着现代化建设新征程的开始而自动消除,而且会对未来的发展形成巨大的障碍。因此,我们必须着力解决这些问题。与此同时,我们还需要认真思考如何在新发展阶段,更好地贯彻新发展理念,构建新发展格局;如何进一步加强基础研究,提升科技创新能力,不断实现引领性原创成果的重大突破;如何加快数字经济的发展,引导资源的优化配置与再生,实现高质量发展的经济形态;如何通过产业升级,在全球产业链上向上游迈进;如何扎实推进以人为核心的新型城镇化,建立健全城乡融合发展的体制机制和政策体系,推进城乡融合发展;如何进一步加强社会保障体系的建设,有效应对人口老龄化,实施健康中国战略;如何做好经济"双循环",有效提振内需;如何在防控风险的前提下进一步加大金融业的开放,加强区域经贸合作,推动经济全球化……

在建设社会主义现代化国家的历史征程中,我们肯定还会面临许多艰难险阻。中国前进的步伐越坚定,所面临的国际社会的压力就会越大。2021年2月,美国总统拜登在慕尼黑安全会议上表示,"美国和欧洲需要携手,共同为与中国的长期战略竞争做好准备"。**但中华民族有着越挫越勇的基因,"青山遮不住,毕竟东流去"。中华民族的伟大复兴是谁也阻挡不了的。只要我们团结一心,就没有战胜不了的困难,中国全面建设社会主义现代化国家的目标就一定能够早日实现!**

(作者系北京大学经济学院原院长、教授、博导,北京大学博雅特聘教授)

【目录】 CONTENTS

"两会笔谈"篇

宏观布局：正本清源始，运筹帷幄中

新发展格局下高质量发展的内在逻辑	董志勇 / 005
平稳衔接，健康发展	
——评 2021 年的经济增速目标	苏　剑 / 009
贯彻新发展理念，引领新阶段高质量发展	张　辉 / 011
《政府工作报告》的"活力"	张亚光 / 015
高质量发展与国有经济布局的优化	平新乔 / 019
"十四五"期间中国经济发展的五大看点	章　政 / 024
贯通国民经济循环堵点，构建需求供给动态	
均衡	李　博　施　瀚 / 027

产业发展：东风催百业，市廛盈万商

继续坚持采用财政政策与货币政策加强对中小微	
企业和个体工商户的扶助	韩　晗 / 033
减税降费助力经济提质增效	刘　怡 / 035
减税降费应进一步关注社保费对企业生产率	
的影响	
——基于税务部门全责征收社保费的研究	秦雪征 / 039
以系统动态平衡理论推动中国农业农村优先	
发展	王曙光 / 042

加快发展现代产业体系，引领现代化经济体系

全面建设　　　　　　　　　　　　　　张　辉／046

鉴往知今，从历次《政府工作报告》中回顾我国国有企业

改革走过的道路　　　　　　　　　　周建波／050

民生建设：广厦千万间，枝叶总关情

延迟退休，我们准备好了吗　　　　　　陈　凯／055

合理增加财产性收入，装填百姓"钱袋子"　崔　巍／059

有效治理快速扩张的弊端，促进在线教育的

良性发展　　　　　　　　　　　　　冯　科／063

从失业对城市犯罪的影响，看稳就业政策的

必要性　　　　　　　　　　　张　延　王　琪／068

合理优化城市土地资源配置，以城市更新行动

推进新型城镇化建设　　　　　　　　龚明远／072

社会保障：莫道严冬至，千里送乌薪

保险与社会保障：让"任性"变成"韧性"　郑　伟／077

关注医疗保险基金的潜在缺口和区域不平衡　蒋云赟／080

全面推进健康中国建设，深化医药卫生体制

改革　　　　　　　　　　　　　　　石　菊／083

保障＋服务：新时代保险业的重任　　　锁凌燕／086

金融优化：称提明义理，平准权轻重

建立现代金融体系对金融学研究的启示　　　李连发 / 091
保持流动性合理适度，定向引流实现精准滴灌
　　——2021年中国货币政策展望　　　宋芳秀 / 095
防范金融开放进程中的系统性风险　　　赵留彦 / 100
金融监管者的关键绩效指标（KPI）　　　朱南军 / 104

网信创新：芳林新叶盛，流水后浪生

健全社会信用体系，推动数字经济发展　　　杜丽群 / 111
打造数字经济新优势，推动高质量对外开放　　　姜　峰 / 115
加快建设数字中国，构筑国家竞争新优势　　　刘　冲 / 118
发展数字经济要加大无接触经济元素
　　　　　　　　　　　　王大树　程　哲　赵文凯 / 123

国际合作：浩渺行无极，扬帆但信风

中国自贸区的贸易优化效应探析　　　李　权 / 129
中国有能力在"双循环"新发展格局下实现
　　经济高质量发展　　　王桂军 / 132
在"双循环"中构建"改革—开放—发展"的
　　新格局　　　王曙光 / 136
"十四五"：迎接中国经济对外开放的新高潮　　　王跃生 / 141
文明比较视阈下"构建人类命运共同体"的
　　大国担当　　　闫　雨 / 145

统筹培育三次产业外贸竞争新优势,助力
　　外循环良性发展　　　　　　　　　　李保霞 / 148

"建党百年"篇

在社会主义条件下发展市场经济是我们党的
　　一个伟大创举　　　　　　　　　　　董志勇 / 153
社会主义商品经济论
　　——改革开放以来最伟大的经济理论创新　崔建华 / 158
建党百年峥嵘路,再续高质量发展新华章　　张　辉 / 162
从大生产与小生产的讨论看中国共产党百年
　　经济思想的探索　　　　　　　　　　韩毓海 / 166
科学总结党的伟大实践,建设中国特色社会主义
　　政治经济学理论体系　　　　　　　　邱海平 / 169
百年辉煌
　　——建党百年经济思想演变　　　　　王在全 / 173
从理论自觉、理论创造到理论自信　　　　方　敏 / 180
中国共产党早期经济思想的基本特征　　　张亚光 / 185

参考文献　　　　　　　　　　　　　　　　　/ 190

"两会笔谈"篇

"文章合为时而著,歌诗合为事而作。"2021年是我国"十四五"规划的开局之年。一方面,我国经受住了来自新冠肺炎疫情和中美贸易摩擦的双重考验,实施了一系列深化供给侧结构性改革与需求侧管理的组合拳,在"立足新发展阶段、贯彻新发展理念、构建新发展格局、推动高质量发展"的道路上迈出了铿锵的步伐,展现出我国经济发展的巨大潜力和制度优势;另一方面,新冠肺炎疫情仍在全球范围内迅速蔓延,世界经济复苏形势尚不明朗,对我国的科学决策和创造性应对能力提出了持续挑战。

本篇收录的36篇时评文章,共分为7个专题,着眼于国家改革与发展的大局,意在从经济社会各领域全面发力,在危机中育先机,于变局中开新局,为全面建设社会主义现代化国家、开启第二个百年奋斗目标注入源源不断的发展动力。

Part 1

宏观布局：正本清源始，运筹帷幄中

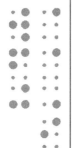

新发展格局下高质量发展的内在逻辑

董志勇

习近平总书记在党的十九届五中全会上指出,"我国已转向高质量发展阶段"。这是中央根据国内经济形势的新变化,对经济发展阶段做出的重要判断。

在党的众多重大方针政策中,发展生产力一直是解决各类问题的基础和关键,并且在不同历史阶段被赋予了不同的内涵。整体而言,在我国改革开放至今的发展历程中,高质量发展和国内国际双循环的新发展格局在不同阶段都在以不同的形式被单独强调,并且其受到的重视程度由当期的社会主要矛盾和经济发展阶段所决定。

在党的十九届五中全会和"十四五"规划中,高质量发展和新发展格局首次被提到突出的位置,二者能否实现良性互动可能会直接影响我国社会主义现代化国家的全局建设。"双循环"新发展格局的构建目标是保证经济的高质量发展,这也将是我国高质量发展阶段的重点工作之一。新发展格局和高质量发展将贯穿我国"十四五"期间,甚至更长时期。那么,新发展格局与高质量发展的理论逻辑是什么?如何促进两者的良性互动?厘清这些问题对于解决我国现在面临的发展不平衡不充分问题,实现社会主义现代化远景目标和"两个一百年"奋斗目标,具有重要意义。

一、新发展格局是高质量经济实现可持续发展的根本保证

我国经济的高速增长已经维持了四十余年,经济体量早已跃居世界第二

位,粗放式的经济发展模式很难在新形势下继续存在,实现经济的可持续发展必须转向集约式的、侧重经济发展质量的发展模式。其内在逻辑可以从以下三个方面进行分析:

第一,所有经济体的高质量供给都需要有效需求的支撑。在改革开放初期,我国经济体量尚小、基础较弱,国内需求难以支撑国内经济发展的需要,因此在很长一段时间内,外部需求成为有效需求的重要来源。随着我国经济规模的扩大,内部需求增长满足国内供给侧发展也越来越具备成熟条件,转变原本高度依赖国际市场提供有效需求的发展格局有了坚实的现实经济基础。在大力培育国内有效需求的同时,为了应对"无效供给过剩"和"有效供给不足"的问题,党的十九大报告提出了供给侧结构性改革的施政方案。几年来,通过供给质量变革、供给效率变革和供给动力变革,推动资源实现充分有效配置,增强我国经济发展的活力,我国供给侧结构性改革已经取得了明显成效。但是,所有高质量供给必须匹配有效需求,不然,供给体系仍然会面临"产能过剩"和供需错配的问题。高质量经济发展的最终落脚点是经济发展"质的稳步提升",这就需要以新发展格局作为支撑。因此,新发展格局下生产、分配、流通和消费各个环节的匹配,将有助于我国经济在高质量发展阶段更健康平稳地增长,也有利于发挥国内市场和国外市场对于供给侧结构性改革的支撑作用。

第二,高质量发展需要国内超大规模市场这一基础保证。大国经济不仅有利于提供足够的有效需求,也有利于利用规模优势推动产业集聚,促进专业化分工,促进产业发展。改革开放后,中国经济积极融入国际循环体系,实现了"追赶型"发展和高速增长,中国成为全球第二大经济体和消费市场,也成为全世界范围内拥有最全产业链体系的超大工业国。但是,长期以来,我国一直处于国际产业链分工的中低端,部分核心技术缺失,这些问题都成为供给侧结构性改革的障碍。另外,随着近年来逆全球化盛行,我国的供应链和产业链安全受到威胁。在此背景下,国内大市场优势是国内大循环运行的基础,内需体系的健康畅通是高质量发展的保证。我们要通过国内市场形成的更高水平动态平衡,充分发挥国内消费市场的规模优势,推动供需动态匹配,加强国内大循环对供给和需求的引领作用,进而为高质量发展提供保证。

第三,高质量发展也需要国际大循环提供外部市场和环境保障。即使我国经济已经发展到今天的规模,世界市场在技术交流和需求补充等环节上仍旧发挥着巨大的作用。同时,充分的国际经济交流也有利于为我国经济发展营造安全稳定的外部环境,这一点在当前国际政治经济环境日益复杂、世界主要发达经济体贸易保护主义情绪不断上升的背景下尤为重要。自主的、丰富的国际经济交流在经济和政治的双重意义上,为我国经济的稳步发展提供着外部助力。习近平总书记指出,中国开放的大门不会关闭,只会越开越大,新发展格局决不是封闭的国内循环,而是开放的国内国际双循环。这意味着,以国内大循环为主体的新发展格局并非放弃国际市场,而是更加深入地加入国际分工协作,利用国内和国际两类市场两种资源,推动高质量发展。高质量发展应该是创新驱动的发展,需要更高水平的对外开放,创新型国家需更好地融入全球创新体系,以开放促创新,以创新促发展。因此,我国需要更大程度地扩大对外开放,特别是加强与"一带一路"沿线国家的合作,这将有利于国际大循环为我国高质量发展带来外部动力。

二、高质量发展是构建新发展格局的内在要求

推动我国经济发展从"提量"到"提质"、从"大"到"强"的转变,是新发展格局的内在要求。现阶段,由于供需错配和有效需求不足等问题的存在,消费对于经济发展的拉动作用未得到有效发挥。这阻碍了供给质量的提升,也影响了内需对经济发展拉动作用的发挥。因此,改善供需错配是构建新发展格局面临的重大挑战,需要通过高质量供给引领和创造新需求,进而实现经济的高质量发展来解决。具体而言,高质量发展推动新发展格局构建的内在逻辑至少包括以下三个方面:

第一,这是由现阶段我国的社会主要矛盾所决定的。新发展格局和高质量发展的根本目的都是满足人民日益增长的美好生活需要,而社会主义矛盾的转变受到经济发展和生产力水平的影响。在完成全面建成小康社会和实现

第一个百年奋斗目标的阶段,社会主要矛盾从社会生产能力层面转变为发展的不平衡不充分,判断标准仍然是人民群众的需要是否得到满足。而新发展格局的主要出发点是满足内需,主要体现为解决供给侧结构性失衡带来的不平衡不充分问题。因此,我国现阶段面临的社会主要矛盾需要通过构建新发展格局来解决,其主要抓手是高质量发展。

第二,这是高质量供给引领和创造新需求的根本要求。党的十九届五中全会指出,"把实施扩大内需战略同深化供给侧结构性改革有机结合起来,以创新驱动、高质量供给引领和创造新需求"。我国现阶段居民消费潜力巨大,这为供给创造需求提供了基础。但是,供给创造新需求不是依赖政策刺激和透支消费能力,而是利用高质量供给和创新驱动,以满足人民日益增长的美好生活需要为根本目的,以供给侧结构性改革为主线,提升供给体系对内需的适配性,进而推动新发展格局的构建。同时,本质上,新发展格局仍然是市场经济的供需体系,其平稳运行有赖于供给侧结构性错配问题的解决,以高质量发展促进新发展格局的形成。

第三,这是需求侧管理的必然要求。国内大循环的畅通,需要形成良性运转的动态体系。这离不开生产端的提质、分配端的降本、流通端的增效和消费的扩容。同时,国际市场是国内市场的延伸。在全球产业分工背景下,国际大循环高端化的核心是产业竞争力,这也离不开国内经济的高质量发展。只有推动供给侧结构性改革,推动高质量发展这一主题,才能实现供给和需求、国内市场与国际市场的良性互动和螺旋上升,进而为我国"十四五"期间新发展格局提供源源不断的新动力。

总之,新发展格局和高质量发展的根本落脚点都是发展。新发展格局的重点在于生产、分配、流通和消费各个环节的匹配,通过打通国内大循环、促进国内国际双循环,为高质量发展提供根本保证。推动高质量发展既是实现供给侧结构性改革和产业转型升级的倒逼机制,也是实现"双循环"新发展的内在要求。

(作者系北京大学副校长,经济学院院长、教授、博导)

平稳衔接，健康发展
——评2021年的经济增速目标

苏 剑

李克强总理在《2021年国务院政府工作报告》(以下简称《政府工作报告》)中指出，2021年的经济增速目标定在6%以上。怎么理解这个增速呢？

实际上，各大机构预测的2021年中国经济增速都很高，最低预测都不低于7.0%。我们北京大学国民经济研究中心的预测是8.5%。为什么增速预测会这么高？主要是低基数的原因。2020年第一季度，中国经济的增速是－6.8%，这意味着，只要2021年第一季度国内生产总值(GDP)水平能够恢复到2019年的水平，第一季度的增速就有6.8%，分配到全年，会使全年增速提高1.7个百分点。而如果没有新冠肺炎疫情的话，2020年第一季度本该比2019年增长5%左右，2021年正常的话，又该比2020年增长5%左右。因此，如果考虑低基数的话，第一季度增速就差不多要达到17%左右才合适。第二季度、第三季度还有基数效应，第四季度的基数效应基本上消失了。这意味着，光低基数一项，会使中国2021年的经济增速提高3个百分点左右。所以，我们预测的8.5%的增速其实相当于正常年份的5.5%左右。

因此，2021年确定的增速目标的底线是6%，其实相当于正常年份的3%。这是一个非常低的增速。之所以确定一个这么低的增速，我认为有以下几个原因：

第一，2021年的不确定性很大。2020年之所以没有确定增速目标，主要原因就是疫情导致的不确定性。2021年虽然各国都已经推出了疫苗，但病毒变异、疫苗效果的不确定性等因素还是存在的，所以疫情防控依然形势很严峻。另外,美国大选结束,新政府班子上台,对中美关系的基调尚未明确,中美关系的不确定性还存在。

第二,正如《政府工作报告》所说,经济增速是综合性目标,不仅包括数量,还应该包含经济增长的质量。2021年确定较低的增速目标,能够给我国的供给侧结构性改革、应对疫情和中美关系等方面的不确定性留下充分的政策灵活性。

第三,也正如《政府工作报告》所说,增速目标要"与今后目标平稳衔接"。2020年经济增速较低,2022年经济会恢复正常,增速会回到5%左右,如果2021年增速过高,那么2020年到2021年增速上升幅度会过大,2021年到2022年增速下降幅度也较大,会出现经济增速大起大落的现象。2021年增速较低,有助于增速与2020年、2022年平稳衔接。

第四,这个政策目标的表述实际上是很灵活的,说的是"6%以上",就是说,确定的是底线,高了也可以,这就给高增速的出现留下了活口。

(作者系北京大学经济学院教授、博导)

贯彻新发展理念，引领新阶段高质量发展

张 辉

"十四五"时期，我国进入全面建设社会主义现代化国家、向第二个百年奋斗目标进军的新发展阶段。2021年《政府工作报告》指出："要准确把握新发展阶段，深入贯彻新发展理念，加快构建新发展格局，推动高质量发展，为全面建设社会主义现代化国家开好局起好步。"发展理念是发展行动的先导，决定着发展方向、发展路径和发展速度。在新发展阶段，应继续坚定不移贯彻新发展理念，使之成为我国现代化建设的指导原则，将其贯穿发展全过程和各领域，努力实现更高质量、更有效率、更加公平、更可持续、更为安全的发展。

一、新发展理念引导我国经济社会发展取得历史性成就

新发展理念是党中央在深刻总结国内外发展经验、精准把握世界潮流趋势的基础上，立足我国经济社会发展的新高度，为了解决不平衡不充分发展的新矛盾，顺应经济增长约束条件的新变化，攻克"中等收入陷阱"与"修昔底德陷阱"的新挑战，而创造性提出的经济社会发展基本遵循。它引导我国取得历史性成就、发生历史性变革，被证明是科学的思想指引。

创新是引领经济社会发展的第一动力。近百年大国兴衰史表明，创新始终是推动国家民族向前发展的关键力量。立足当下，我国进入高质量发展阶段，迫切要求由资源要素驱动向科技创新驱动的转化。放眼国际，新一轮科技和产业革命蓄势待发，各国都力图先行把握引领全球发展的主动权。我国坚持创新在现代化建设全局中的核心地位。"十三五"期间，我国在载人航天、探

月工程、深海工程、超级计算、量子信息等领域取得一批重大科技成果。世界知识产权组织发布的全球创新指数显示,我国排名从2015年的第29位跃升至2020年的第14位,成为跻身综合排名前30位的唯一中等收入经济体。

协调是持续健康发展的内在要求。马克思主义认为,事物是普遍联系的,彼此相互依赖、相互融合、相互制约。社会系统中各要素间必须保持优化组合,维系动态平衡与良性互动,才能以有序稳定的结构推动经济发展。改革开放四十多年以来,在我国经济总量取得辉煌成就的同时,发展中不平衡、不协调、不可持续的问题越发凸显。"十三五"期间,党中央统筹"全国一盘棋",积极推进西部大开发,振兴东北地区等老工业基地,促进中部地区崛起,鼓励东部地区率先发展,继续发挥各个地区的优势和积极性,逐步缩减各区域在发展中日益拉大的差距。同时,纵深推进京津冀协同发展、长江经济带发展、粤港澳大湾区建设、长三角区域一体化发展,为我国经济高质量发展注入新动力。

绿色是永续发展的必要条件。人类发展历史证明,生态兴衰与文明变迁间存在内在统一关系。第三次技术革命伊始,全球经济创新中心普遍由传统工业地区转向生态优越地带,昭示着未来技术变革在空间选择上"绿水青山"的基本要求。党中央深刻认识到"生态文明建设是关系中华民族永续发展的根本大计",全面打响蓝天、碧水、净土保卫战,自觉推动绿色发展、循环发展、低碳发展。2019年全国337个地级及以上城市空气质量达标率为46.6%,较2015年提升了25个百分点,城市平均优良天数比例达82.0%。我国水环境质量持续改善,海洋环境状况稳中向好,土壤环境风险得到基本管控,生态系统格局整体稳定。

开放是国家繁荣发展的必由之路。马克思主义认为,经济全球化是社会化大生产不断发展的必然结果,它促使资源在全球范围内配置,推动市场经济的深度融合。全球各经济体逐渐发展联结为庞大整体,任何国家和民族都置身于世界发展潮流之中,同呼吸、共命运。如今,我国已经成为全球货物贸易第一大国、世界第一制造业大国、世界第一大外汇储备国、第二大外资流入国。2020年面对新冠肺炎疫情的严重冲击和异常复杂的国际形势,我国进出口贸易规模和国际市场份额依然双双创下历史新高,为全球经济复苏注入了新动能。实践证明,坚持对外开放是我国经济取得成功的基本经验之一。未来我国要在推进更高水平开放的基础上,实现国内国际双循环相互促进的新发展格局。

共享是中国特色社会主义的本质要求。马克思主义认为人的发展程度是衡量社会发展的根本标志,共产主义致力于实现人的解放和自由而全面发展。人民始终是支撑发展的主体力量,共享才能实现经济社会各组成要素的良性互动,发展的成果理应惠及全体人民。党中央始终坚持以人民为中心,深入实施精准扶贫战略,妥善落实改善民生政策。经过全党全国各族人民的共同努力,我国脱贫攻坚战取得了全面胜利,5 575万农村贫困人口实现脱贫,960多万建档立卡贫困人口以易地搬迁摆脱困境,区域性整体贫困得到解决,我国完成了消除绝对贫困的艰巨任务。

二、完整准确全面贯彻新发展理念引领高质量发展

进入新发展阶段,推动高质量发展成为这一时期的发展主题。《政府工作报告》在介绍"十四五"时期的主要目标任务时指出:"必须坚持新发展理念,把新发展理念完整、准确、全面贯穿发展全过程和各领域,引导各方面把工作重点放在提高发展质量和效益上,促进增长潜力充分发挥。"新发展理念中,创新、协调、绿色、开放、共享之间各有侧重、相辅相成、融会贯通、相得益彰,共同构成了一个逻辑严密、辩证统一的有机整体。要坚持系统的观点,依照新发展理念的整体性和关联性进行系统设计,不可囿于一方、顾此失彼,而应统筹兼顾、协同发力。

践行创新发展理念,需以协调破除屏障,完善科技项目和创新基地布局,增强国家自主创新示范区等的带动作用,打造产、学、研、用一体化的创新系统。以绿色增添动力,加快生产方式、生活方式的绿色转型,将良好的生态环境转化为生产力。以开放拓宽视野,建立高水平的国际合作研究机制,充分利用全球资源优势,构建更加开放的创新网络体系。以共享激发效能,依托社

主义制度优势，充分调动广大人民群众的积极性和创造性。

贯彻协调发展理念，要推动创新引领，因地制宜地培育体现各自禀赋优势的经济发展新动能；要注重生态布局，建立跨区域、跨流域的共同治理机制；要联通开放战略，西部地区依托"丝绸之路经济带"，东部地区嵌入"海上丝绸之路"，边境地区深化沿边试验区，把深化区域合作和扩大对外开放联动起来；要实现共同富裕，推动东、中、西部地区教育、医疗、科技、文化等公共服务领域的均衡发展，满足广大人民群众对美好生活的需要。

坚持绿色发展理念，需以创新为首要支撑，用新型产业为媒介将"绿水青山"转化为"金山银山"；以协调为重要途径，树立"山水林田湖草是生命共同体"的整体系统观；以开放为联动手段，树立"共谋全球生态文明建设之路"的共赢全球观；以共享为根本目的，树立"良好生态环境是最普惠的民生福祉"的基本民生观，人人共享生态文明成果，人人共建美丽中国。

实施开放发展理念，要增强创新内涵，增加优质产品和服务进出口；要协调内外联动，以国内大循环吸引全球资源要素，更好利用国内国际两个市场、两种资源；要筑牢生态底线，谨慎对待高能源消耗、高污染排放、高资源投入的产业转移；要坚持互利共赢，与世界各国构建广泛利益共同体，维护多边贸易体制，抵御逆全球化风险，实现新的全球经济竞争优势，为全球经济注入新的发展动力和基本支撑。

落实共享发展理念，需注重在创新中共享，把"蛋糕"分好的前提是把"蛋糕"做大、做优；在协调中共享，实现区域、城乡基本公共服务均等化，为人的自由而全面发展创造社会条件；在绿色中共享，实现中华民族永续发展的千年大计，为共享提供资源环境安全保障；在开放中共享，将世界范围内的发展成果广泛纳入广大人民的需求选择，为共享拓宽范围、提升质量。

（作者系北京大学经济学院副院长、教授、博导）

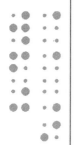

《政府工作报告》的"活力"

张亚光

在国务院《政府工作报告》中,"活力"是一个十分引人注目的概念。李克强总理在 2021 年 3 月 5 日的《政府工作报告》中提出,新冠肺炎疫情面前我们"注重用改革和创新办法,助企纾困和激发活力并举,帮助受冲击最直接且量大面广的中小微企业和个体工商户渡难关""坚定不移推进改革开放,发展活力和内生动力进一步增强",今年的主要任务是"深入推进重点领域改革,更大激发市场主体活力"。在谈到政府建设时再次提到,"要调动一切可以调动的积极因素,推进改革开放,更大激发市场主体活力和社会创造力,用发展的办法解决发展不平衡不充分问题"。根据统计,在 2021 年官方发布的报告摘要中,"活力"出现了 10 次。

对于有着深刻计划经济记忆的中国人来说,"活力"并不是一个寻常的词汇。至少在经济意义上,计划经济几乎就是"僵化"的代名词。从这个角度来说,"活力"在《政府工作报告》层面出现的频次(见图 1),反映了改变现状的呼声,显示了改革意愿的强弱,也刻画了改革的思想史进程。通过对改革开放以来历年《政府工作报告》中"活力"的词频统计,可以直观地发现,四十多年来有两个明显的"活力"高峰,一个是 20 世纪 80 年代中后期,另一个是党的十八大之后特别是十九大之后。如果再加上一个小高峰,则是 1992 年之后。这几个阶段恰好是改革开放最重要的时间节点,也是思想最为开放活跃的历史时期,社会活力蒸蒸日上,破旧图新蔚成风气。

在历年《政府工作报告》中,不同阶段的"活力"所附着的主体也有所不同。

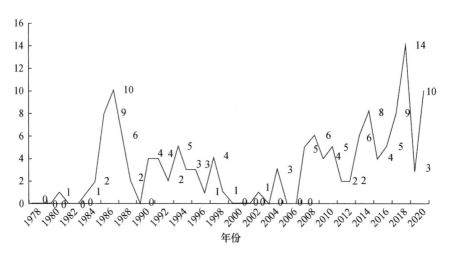

图　1978—2021 年《政府工作报告》中"活力"出现的频次

1981 年第一次出现"活力"——"三年来逐步扩大企业自主权,推行经济责任制,贯彻执行按劳分配的原则,并在国家计划指导下发挥市场调节的辅助作用。这些初步的改革,使企业增加了活力……"这里的企业是国有企业。1984 年第二次则是"大大调动了科技人员的积极性、创造性,使科研单位本身有了活力",指的是科研单位的活力。到了 1985—1987 年的第一个"活力"高峰,已经涉及"体制""地区""城市""创造"等多个面向,不过最为集中的仍然是国有大中型企业的活力问题。事实上,在所统计的全部 143 次"活力"中,明确指向企业的有 37 次,占总数的 1/4 强。其中 33 次出现在 2000 年之前,要么明确写"国有大中型企业",要么从上下文推断也是国有企业。可见,改革开放的前 20 年间,国有企业缺乏活力始终是困扰中国经济发展的主要问题之一。

进入 21 世纪,《政府工作报告》中有关"活力"的主体在表述时逐渐产生了变化。2008 年,"国有经济活力、控制力和影响力明显增强",不再用"国有企业"的概念。2009 年,"我们的信心和力量……来自运行稳健的金融体系、活力增强的各类企业和富于弹性的宏观调控政策","各类企业"说明主体已经不仅仅是国有企业。2012 年,"落实并完善促进小型微型企业发展的政策,进一步减轻企业负担,激发科技型小型微型企业发展活力",在《政府工作报告》的历史上首次关注了小微企业的活力问题。

一个更为重要的变化是,我们今天常见的"市场主体活力""市场活力"开始成为《政府工作报告》的固定用法。2010年的《政府工作报告》中第一次出现"市场活力"——"坚持市场经济改革方向、发挥市场配置资源基础性作用、激发市场活力"。2014年尤其值得关注,在这一年的《政府工作报告》中,两次提到"市场活力",首次提到"市场主体活力"并出现在两处表述中——"破除制约市场主体活力和要素优化配置的障碍""由企业年检制度改为年报公示制度,让市场主体不断迸发新的活力"。此后,"市场活力"和"市场主体活力"成为历年《政府工作报告》的高频词,2010—2021年的12年间,"市场活力"出现12次,"市场主体活力"出现13次,有关市场的"活力"讨论成为21世纪前20年中国经济发展的重要话题之一。"企业活力"在《政府工作报告》中不再出现,完全由"市场主体活力"所取代。

从"企业"到"市场主体",反映了改革开放四十多年中国经济结构和社会结构的变迁。前20年中,计划经济的色彩尚未完全褪去,国有企业是经济发展的主要力量。国有企业无活力,经济难发展。激发国有企业活力,无疑是那个历史阶段的首要任务。随着改革开放的不断深化,各种非公有制经济日新月异地涌现、发展,国有企业不再是经济体系中的唯一存在。2008年美国次贷危机引发全球经济衰退,中国也逐渐进入改革的深水区。2014年5月,习近平总书记在河南考察时首次提及"新常态"。同年9月,李克强总理在夏季达沃斯论坛上提出了"大众创业、万众创新"的"双创"理念。中国的经济结构和市场结构在新环境下发生了巨大的变化,产业形态和组织形式都在不断创新,参与经济建设和市场活动的主体日趋多元化,已经绝非用"企业"一词就能概括。这正是2014年《政府工作报告》反复出现"市场活力"和"市场主体活力"的根本原因,也反映了党中央和国务院审时度势、因时制宜、顺应经济发展规律的科学指导精神。

2021年《政府工作报告》再次提出"深入推进重点领域改革,更大激发市场主体活力",内涵丰富,意义重大,需要深刻理解和积极实践。

首先,"更大激发市场主体活力"是"六稳""六保"的基本内容。"六稳"指的是稳就业、稳金融、稳外贸、稳外资、稳投资、稳预期,"六保"指的是保居民就业、保基本民生、保市场主体、保粮食能源安全、保产业链供应链稳定、保基层运转。"激发市场主体活力"就是为了"保市场主体"。市场主体保住了,就业、民生、基层就能稳定,投资就能持续,预期就能向好。这既是"六稳""六保"的应有之义,也体现了"以人民为中心"的发展思想。

其次,"更大激发市场主体活力"是供给侧结构性改革的内在要求。在现代经济体系中,供给侧体现为数以亿万计的市场主体。市场主体没有活力,供给侧就陷入停滞。中低端产能过剩,高端产品供给不足,核心问题是没有激发市场主体的创造力。而创造力来自更少的约束和更多的激励,因此才需要"深入推进重点领域改革"。

再次,"更大激发市场主体活力"是国内国际双循环的关键动力。刘鹤副总理在谈到"加快构建以国内大循环为主体、国内国际双循环相互促进的新发展格局"时曾经指出,从供给能力看,我国储蓄率仍然较高,拥有全球最完整、规模最大的工业体系和完善的配套能力,拥有1.3亿户市场主体和1.7亿多受过高等教育或有各种专业技能的人才,研发能力不断提升。巨大的市场主体规模和较高的市场主体素质水平,是国内大循环的坚强基础,是国内国际双循环的不竭动力。

最后,"更大激发市场主体活力"是"十四五"规划顺利实施的重要保障。"十四五"时期要实现"经济持续健康发展,增长潜力充分发挥,国内市场更加强大,经济结构更加优化,创新能力显著提升,产业基础高级化、产业链现代化水平明显提高"的主要目标,归根结底是要发挥市场主体的潜力,调整市场主体的结构,提升市场主体的创新能力,提高市场主体的现代化水平。"充分发挥市场在资源配置中的决定性作用",就是要尊重供给侧和需求侧,就是要发挥市场主体的自主能动作用。"民自为市",经济社会得以自发顺畅运转,这是任何困难都无法阻挡的力量,是顺利完成"十四五"时期主要目标任务的重要保障。

(作者系北京大学经济学院副院长、副教授、博导)

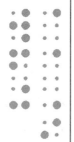

高质量发展与国有经济布局的优化

平新乔

李克强总理在2021年3月十三届全国人大四次会议上所作的《政府工作报告》里,关于国有经济与国有企业改革的方向,讲了两个方面:一是从产业布局的角度,强调了要优化国有资本和国有经济在整个国民经济中的布局;二是国有企业改革,这涉及国有企业的治理结构和混合所有制改革。

关于国有资本和国有经济的布局,李克强总理讲了三点:要加快国有经济布局优化和结构调整,要优化民营经济的发展环境,要强化竞争政策基础地位。这就是说,国有资本和国有经济布局的优化不是孤立的,而是与民营经济的发展环境相连的,调整国有经济与民营经济的相互关系,是着眼于强化竞争政策的基础地位,即竞争才是社会主义市场体系的基础。这实质上就是说,要建设高标准的市场体系,关键在于落实竞争政策的基础地位;而要落实竞争政策的基础地位,就需要改变、改善国有资本和国有经济的布局,处理好国有经济与民营经济之间的关系。

关于国有企业改革,李克强总理则专门谈到了"国企改革三年行动"。他也讲了三点:要深入实施国有企业改革三年行动方案,要做强做优做大国有资本和国有企业,要深化国有企业混合所有制改革。《国企改革三年行动方案(2020—2022年)》是中共中央全面深化改革委员会于2020年6月30日通过的重大改革决议,其实这个决议也是从国有资本布局、国有企业治理结构和国有企业市场化经营等几个方面进行规划与设计的。

我这里主要谈谈国有资本和国有经济布局的优化与高质量发展之间的

关系。

国有资本与国有经济布局的改变和优化也是改革。最近十几年里,中国经济改革有一个重要的特点:体制变迁是以经济结构的动态变化为载体的。当一种企业组织方式赖以生存的生产方式随着新经济的出现而消失后,原来的生产方式上的企业组织形式也会不复存在。尤其是当新经济发生时,新的企业形式和交易方式就相应产生了,并且由此引发国有经济与非国有经济之间的结构变化。旧的生产方式过不了技术升级这一关而被无情淘汰,建立在这种旧方式上的企业就必须破产、退出市场。过去的 20 年,世界见证了新的科技革命所带来的生产力格局的重大变化,以及由生产力变化所带来的生产关系的巨大变化。以数字经济、互联网技术、平台经济、5G 信息技术为代表的知识革命和技术革命,正在迅速、全面地改变与改造资源配置的方式与配置结构。以美国为例,1995 年,美国股市市值排名前五位的公司是:IBM(国际商业机器公司)、AT&T(美国电话电报公司)、Exxon(埃克森美孚公司)、Kodak(柯达公司)与 General Motors(通用汽车公司)。这五个公司基本上还是属于高端制造业和能源产业的。而到了 2015 年,美国股市市值排名前五位的公司是:Apple(苹果公司)、Google(谷歌公司)、Microsoft(微软公司)、Exxon(埃克森美孚公司)和 Amazon(亚马逊公司)。即除埃克森美孚公司继续以能源型公司占据统治地位之外,另外四个市值名列前茅的上市公司都是互联网、大数据平台领域的新经济企业。这说明,20 年间,美国企业分布的产业结构已经发生了根本变化,从高端制造业为主转变成为以数字技术、平台经济为龙头的产业结构了。在中国,2019 年,数字经济已经占到 GDP 的 36.2%。现在,连国际贸易都在相当程度上数字化了。2019 年,在全球贸易里,数字贸易(出口)已经占到 12.9%。

在这种新技术革命面前,我们的国有经济布局是否有与时俱进的变化呢?

我们常说,国有经济应该布局于与国民经济基本命脉有关的基本产业。在人工智能、云计算、大数据等数字化前沿技术已经深入改变全球经济格局、利益格局和安全格局,全球数字贸易规则讨论与制定正聚距于知识产权、产业政策、环境、投资、竞争法规、国有企业、政府采购的时代,我们的国有经济是否在新经济的发展上做了能够起长远决定作用和影响力的布局呢?我们仅以工业互联网产业为例,因为这无疑是一个关乎中国国民经济基本命脉与长远发展的基本产业。目前,无论在设备层、网络层、平台层、软件层,还是在应用层、安全层,在这六个层面占据龙头地位的20—30家企业如航天科工、中船工业、中国电信、三一重工、海尔、美的、富士康、华为、徐工信息、宝信软件、石化盈科、浙江中控、华龙迅达、浪潮、东方国信、用友、金蝶、索为、阿里巴巴、腾讯、百度、优也、寄云、天泽智云、昆仑数据、树根互联等,我们只见到三四家国有企业和国企控股企业。而且,被美国围追堵截的企业,也是中国数字技术代表性的企业,不是国有企业,而是华为这样的民营企业。这至少说明在新经济的领域里,中国的国有经济和国有资本的布局可能还不如民营经济,国有企业的整体表现可能还不如民营企业。这可能也是好事,说明国有经济的控制力小些,反而会促进非国有的经济力量和社会资本放手与外国资本竞争、合作。但是,我们的国有资本和国有经济的基本后备与保障作用在哪里呢?

将资本投资从传统的制造业部分转移到数字经济、网络经济、平台经济为特征的智能经济上,在一定意义上说,就是让资产由"重"变"轻"。这个转变对于中国的国有资本和国有经济来说是必要的。我们的研究发现,2018年,中国国有资本的29.8%分布于工业即制造业上,15.2%分布于建筑业和房地产业,14.9%分布于交通运输业。这就是说,占全部国有资本近60%的资本是投资在工业、房地产业和交通运输业上的。而投资在通信与信息服务产业的国有资本只占全部国有资本的4.45%。但是通信与信息服务产业正是中国这几年来增加值增长率最高的产业,是新经济的领头产业。经济数据表明,中国国有资本的结构目前是比较严重地偏"重"的,国有企业大都集中在煤电油运化和装备制造等领域。在资产偏"重"的前提下,又要求国有企业为国家承担许多社会责任,这样势必会影响国有资产的总体回报率。目前中国国有净资产约有70万亿元,总体年回报率不足5%,还抵不上商业银行贷款年利率水平。

我们赞成国有资本和国有经济的布局要适当向资产由"重"变"轻"的方向

转变，并不是说要国有经济和国有资本从煤电油运化这些资源密集型的工业部门全部或者大部分退出。国有资本和国有企业在资源密集型的上游产业保持相对密集的占有和控制，这也是保持国有经济对于整体经济的长远稳定发展的需要。问题是，即使是资源密集型的国有部门，也要实行"智能化"生产，要运用人工智能，要基于工业互联网和人工智能，改善工业过程管理，提升生产效率和经济效率。这就是说，我们可以实现在国有资本不退出前提下的在产业、在位的国有资本"轻型化"。否则，即使是煤电油和装备制造业这样具有传统优势的产业部门，也会被数字化生产方式所淘汰。这方面，中国机床业就有深刻教训。中国机床业在中国加入世界贸易组织以后的制造业井喷式发展时期，由于机床需求猛涨，借助于引入外国机床技术，曾有过"黄金十年"。但由于在引进的外国技术过期后，本国的研发上不去，我们在技术上又受制于国际新一代先进技术的压制和封锁，被打入"中低端陷阱"，一批著名的中国国有机床企业也跟着破产。

  从中国机床业的这个教训里，我们可以学到，国有经济、国有资本、国有企业的布局调整和优化，关键在于在技术上立足，要在研发上布局。从美国的经验看，企业的研发投入是应该计入企业的投资支出的，投资分固定资产投资和企业无形资产投资，而无形资产投资就是企业的软实力投资，无形资产又分为企业组织资本和企业研发投资所累积起来的知识资产与专利资产。因此，资本布局，要重视在知识资本上的布局，而知识资本上的布局从动态上看最关键的是研发支出上的布局。2000—2015年，平均说来，美国上市公司的企业研发支出/资产的比率已经超过了企业（固定）资产支出/资产的比率。以2015年为例，企业（固定）资产支出/资产的比率平均只有4.2%，而企业研发支出/资产的比率的平均值是7.5%。也就是说，在美国的上市公司里，研发投资已经在20年以前就超过了固定资产的投资。过去20年里，当中国人正在为一座座工厂建成投产、一座座城市拔地而起、一座座大桥屹立贯通而自豪时，我们的对手美国已在无形资本的布局上遥遥领先于我们。我们是在这两年被美国卡脖子时才如梦初醒，我们有些方面还很落后。我们应该把研发视为投资，而且是比固定资本投资更为重要的投资,在优化国有经济和国有资本布局时更要优化我们的研发布局。

从优化国有经济和国有资本的布局的角度看,为了在数字经济的时代抢占技术制高点,不一定要由国家自己去办企业。当然,国家实验室体系一定是必不可少的,我们的国家拥有包括卫星数据资源这样的数据资产,又有国家所有的大学和研究院所的数据技术人才资本,这都是我们的优势。除此以外,我们也可以以国家资本为后盾建立起一批社会公共基金,建设社会公共基金网络。这种社会公共基金不仅可以支持国有企业与国有事业单位的大数据、人工智能和新材料的基础研究,也应该一视同仁地支持非公有制单位和个人甚至在华的外国企业和个人的研发项目。因为,研发一旦成功,其成果会具有巨大的公共品性质和效应,会极大地提升中国经济发展的质量。

(作者系北京大学经济学院梓才讲席教授、博导)

"十四五"期间中国经济发展的五大看点

章 政

《中华人民共和国国民经济和社会发展第十四个五年规划和2035年远景目标纲要》(以下简称"十四五"规划)是在举国上下完成"十三五"规划主要目标任务,全面建成小康社会,实现第一个百年奋斗目标之后,开启全面建设社会主义现代化国家新征程,向第二个百年奋斗目标进军的重大部署和里程碑。

"十四五"规划中提出的"十四五"时期改革工作(共19篇、65章、192节,约6.2万字)依然聚焦国民经济以及社会发展,对国民经济重要比例关系、生产力分布和国家重大投资项目等做出规划,对于解决改革深层次问题、注重制度体系建设、处理好发展不平衡不充分的社会基本矛盾具有深远意义。"十四五"期间,以下方面值得关注:

第一,以质量为导向的经济增长。作为经济发展的主要目标,"十四五"规划将GDP指标予以保留,同时将指标值设定为年均增长"保持在合理区间、各年度视情提出",这种表述方式在五年规划史上是第一次。同时,对其他经济指标,例如失业率、能耗强度、碳排放强度等给出了具体要求。说明今后在努力使经济增长保持一定速度的基础上,国民经济和社会发展的重点将转向以高质量发展为主要方向。我国社会主要矛盾已经转化为人民日益增长的美好生活需要和不平衡不充分的发展之间的矛盾,所谓不平衡不充分就是发展的质量不高。为了满足人民日益增长的美好生活需要,必须推动经济高质量发展。未来不仅要重视量的发展,更要解决质的问题,只有在质的大幅提升中实现量的有效增长,才能使人民群众的获得感、幸福感、安全感不断增加。

第二，以创新为驱动的产业发展。党的十八届五中全会以来，创新发展已成为我国社会的高度共识。"十四五"规划指出，"坚持把发展经济着力点放在实体经济上，坚定不移建设制造强国、质量强国……推动现代服务业同先进制造业、现代农业深度融合"，同时要求"加快发展现代产业体系，推动经济体系优化升级"。这意味着未来我国创新发展实践将着眼于培育先导性和支柱性产业，推动战略性新兴产业融合化、集群化、生态化探索展开。

第三，以内需为牵引的市场机制。为了更好地坚持和完善社会主义基本经济制度，充分发挥市场在资源配置中的决定性作用，更好地发挥政府作用，推动有效市场和有为政府的更好结合，"十四五"规划提出，"建设高标准市场体系……健全市场体系基础制度……实施高标准市场体系建设行动"。作为实施手段，"十四五"规划还要求在未来五年里，"毫不动摇巩固和发展公有制经济，毫不动摇鼓励、支持、引导非公有制经济发展"，即两大基本原则并重。这是对改革开放以来我国经济发展经验的高度凝练，将为建设开放有序、平等准入、高效规范、公平竞争的国内统一市场，全面促进消费，加快培育内需体系，拓展市场机制奠定坚实基础。

第四，以民生为核心的保障体系。"十四五"规划明确提出，"全体人民共同富裕取得更为明显的实质性进展"。值得称赞是，其中20个主要指标有7个是民生福祉类的，占比超过1/3，是历次五年规划中民生指标数量最多的。这些指标覆盖了就业、收入、教育、医疗、养老、托育等各民生领域，体现了把改善民生福祉放在国民经济发展更加突出重要位置的新理念。同时，提出"健全基本公共服务体系"的工作要求。这对于未来厘清我国公共服务事业发展方向、完善公共服务政策保障体系、创新公共服务提供方式乃至加快居民消费提档升级具有重要意义。

第五，以效能为基础的治理体制。针对未来经济社会发展调控和管理，"十四五"规划分别从宏观经济、区域协调、国土管理和社会治理四个维度提出整体要求，指出"完善宏观政策制定和执行机制，重视预期管理""健全金融风险预防、预警、处置、问责制度体系""逐步形成城市化地区、农产品主产区、生态功能区三大空间格局……""推进市域社会治理现代化"等,为确保宏观经济平稳运行、促进区域均衡发展、完善治理体制机制,建设以效能为基础,以和谐为终极目标,各类社会主体人人有责、人人尽责、人人享有的创新发展新格局做出重要部署。

(作者系北京大学经济学院教授、博导)

贯通国民经济循环堵点，构建需求供给动态均衡

李 博 施 瀚

改革开放四十多年以来，中国始终坚持以经济建设为中心，努力发展社会生产力，逐渐建立起中国特色社会主义市场经济体系。目前，中国商品市场发展较为充分，商品和服务价格基本实现了由市场定价主导，但是土地、劳动力、资本、技术、数据等要素市场发育相对滞后，面临着市场决定要素配置范围有限、要素流动存在体制机制障碍、要素市场规则建设滞后等问题。这也正如卡尔·波兰尼所著的《巨变：当代政治与经济的起源》(The Great Transformation: The Political and Economic Origins of Our Time) 一书中对于"双重运动"的论述，应该平衡以效率至上的市场原则和考量公平与福利的抵抗市场的力量。2021年的《政府工作报告》和"十四五"规划，将"提高资源配置效率""推进要素市场化配置等改革"等列为2021年政府工作重点以及"十四五"时期的主要目标和重大任务。

"十四五"时期是开启全面建设社会主义现代化国家新征程的第一个五年，而2021年是"十四五"规划的开局之年，要准确把握新发展阶段，深入贯彻新发展理念，加快构建新发展格局，推动高质量发展，为全面建设社会主义现代化国家开好局、起好步。

一、破解资源流动堵点，矫正资源要素错配，以高质量供给创造需求

健全生产要素配置市场化机制，矫正市场主体间资源错配，激发各类市场主体活力。中国经济拥有1.3亿多的市场主体，其中企业数量高达4 000多

万。在这些支撑起中国市场经济活力的企业中,规模、所有制结构、研发经费投入水平等因素造成了不同企业生产效率差异的广泛存在。中国经济的整体生产效率不仅取决于哪些市场主体获得了市场准入和公平竞争的机会(选择效应),更关键的是取决于要素资源如何在拥有不同生产效率的市场主体之间分配(错配效应)。近年来,中小微企业"融资难、融资贵"问题悬而未决、"民营企业退场论"甚嚣尘上、资金空转脱实就虚层出不穷、房地产泡沫危机四伏,这些都加剧了资源错配。"十四五"期间要坚持深化供给侧结构性改革,将加快推进要素市场化配置改革作为重要突破口,充分发挥市场在资源配置中的决定性作用,更好发挥政府作用,推动生产要素从低质低效的领域向优质高效的领域流动,通过提高金融服务实体经济的能力,把发展围绕实体经济作为主攻方向;构建房地产业发展长效机制,推动促进房地产与实体经济的均衡发展;促进多种所有制经济的共同发展,巩固和发展公有制经济,毫不动摇鼓励、支持、引导非公有制经济发展;通过全面建设高水平社会主义市场经济体制,激发市场主体活力。

完善"人地资金挂钩"政策体系,优化土地劳动力资源配置,推进区域协调发展。20世纪90年代以来,中央政府先后出台了区域协调发展战略和区域重大战略,在一定程度上缓解了"东西失衡"与"南北差距"等区域间发展不平衡的问题。但行政指令性的资源管制和配置方式,包括对建设用地指标审批和分配、户籍制度对于人口流动的管制等,都造成了土地与劳动力等经济资源的空间错配问题。人口的地理空间迁移能力随着中国大规模交通基础设施网络的集中建设而得到了大幅提高,大量劳动力可以在市场力量的作用下跨区域流动。然而,城市居住证制度以及户籍准入制度的存在,阻碍了劳动力向着生产效率较高的地区特别是一线城市集中,限制了集聚效应发挥。与"人随产业走,人往高处走"的劳动力迁移规律相悖的是,土地资源特别是建设用地指标的审批和分配不合理,呈现出与劳动力"倒挂配置"的特征:一方面,城乡建设用地配置失衡,农民工在城镇和乡村"双重占地",造成农村土地利用的浪费;另一方面,区域间建设用地配置失衡,土地指标向欠发达地区过度倾斜,造成东部土地不足限制发展,西部土地指标冗余无效率使用,限制了整体经济效率的提高。土地资源是要素市场化改革的深水区,"十四五"时期应改革土地计划的管理方式,赋予省级政府更大的用地自主权,探索建立全国的建设用地、补充耕地指标跨区域交易机制。通过调整建设用地指标向人口流入和拥有更高生产效率的区域配置,推动区域协调发展,形成经济意义上的均衡发展。

二、推进以人为本的新型城镇化,释放有效需求牵引供给

农村转移人口市民化,基本公共服务均等化,释放流动人口消费潜力。随着中国城镇化进程的加速推进,2019年中国常住人口城镇化率已突破60%,但距离发达国家80%的平均水平仍有很大差距。同时,中国户籍城镇化率仅有44.38%,至今仍有2亿多农业转移人口没有在城市落户。由于现行户籍制度与是否拥有享受城镇基本公共服务(例如教育、医疗等)的权利仍存在挂钩,因此大量的农业转移人口考验着人口流入地的公共服务供给能力。一方面,地方政府过于重经济发展而轻公共服务提供,导致公共服务和基础设施不能满足需求;另一方面,由于城市扩容一个户籍人口而导致的财政性资金增量远超流动人口的人均财政贡献,在财权事权不匹配的情况下,地方政府激励不足,这些因素都阻碍着农村转移人口市民化的进程。2021年《政府工作报告》提出"常住人口城镇化率提高到65%",为实现这一目标,应该从两方面为农村转移人口减负松绑,促进城乡人口流动:一方面,统筹推进户籍制度改革和城镇基本公共服务常住人口全覆盖,完善中央财政转移支付、建设用地年度指标与农业转移人口的"人地钱挂钩"机制,加大对于人口流入地的经济资源支持;另一方面,统筹推进农村土地制度,完善农村转移人口农村权益的退出和补偿机制,增加其财产性收入。深入推进以人为核心的新型城镇化,推动农村转移人口市民化,有助于拉动消费的大幅增长,还能刺激基础设施、公共服务设施和住房建设等投资需求,拉动中国经济增长。

完善城市住房体系,保障中等收入群体权益,释放城市居民消费潜力。

"十三五"期间,中国中等收入群体的规模已经达到4亿多人,接近人口总数的1/3。中等收入群体已然构成了城市居民的中坚力量。然而,随着房地产业的迅速发展,全国范围内住房价格持续上涨。面对高昂的城市住房价格,城市中等收入群体中的一部分沦为城市"夹心层",游离在保障与市场之外,无能力购房;还有一部分沦为"房奴",每月承受着高房贷的压力,其日常消费支出受到挤占。房价的上涨通过"为买房而储蓄"推高了居民部门的储蓄率,恶化了资产负债表,加剧了收入不平等,住房保障问题已然成为中国突出的民生短板。因此,一方面应通过建立租购并举的住房制度,以市场为主满足多层次需求,以政府为主提供基本保障,多策并举。"房住不炒"是房地产调控政策的主基调,通过建立住房和土地联动机制,加强房地产金融调控,出台房产税制度,支持合理自住需求,遏制投机性需求,能够有效缓解高房价问题。另一方面要完善住房保障。2021年《政府工作报告》聚焦大城市住房突出问题,强调增加土地供应、增加保障性租赁住房和共有产权住房供给,帮助新市民、青年人等缓解住房困难。如此,应多策并举地解决城市居民住房问题,使中等收入人群的可支配收入不因住房开支而减少。城市中等收入群体有着较强的边际消费倾向,其预期可支配收入的提高能够让他们敢消费、能消费、愿消费,有助于持续释放消费潜力,有效提振国内需求,为经济发展注入更多活力和动力。

总之,促进国民经济循环,构建需求供给均衡,是构建新发展格局和高质量发展的重要政策落脚点。我们要通过破除资源流动的堵点,矫正资源错配,贯通要素循环流转与生产、分配、流通、消费各环节的有效衔接;要通过实施扩大内需战略和深化供给侧结构性改革,有效形成需求牵引供给、供给创造需求的更高水平动态平衡,促进国民经济大循环,构建新发展格局和推动高质量发展。

(李博系北京大学经济学院助理教授、博导;施瀚系北京大学经济学院西方经济学专业2020级博士研究生)

2 Part

产业发展：东风催百业，市廛盈万商

继续坚持采用财政政策与货币政策加强对中小微企业和个体工商户的扶助

韩 晗

我国经济在2020年取得了辉煌的成绩。面临新冠肺炎疫情的挑战，我国政府采取了积极的财政政策和稳健的货币政策，集中精力实现"六稳""六保"，极大地缓解了中小微企业和个体工商户的困难，努力实现了主要经济体中唯一的正增长。

但要注意到的是，我国的当下经济环境还存在许多困难和不确定性。正如2021年李克强总理的《政府工作报告》中所总结的：受全球疫情冲击，世界经济严重衰退，产业链供应链循环受阻，国际贸易投资萎缩，大宗商品市场动荡。可以说中小微企业和个体工商户面临着不小的经营困难，还要过一段时间的苦日子。中小微企业和个体工商户解决了我国大量的就业，和广大人民的生产生活息息相关。为了保就业保民生，一定要把帮助中小微企业和个体工商户放在更加突出的位置。为此，要打一套财政政策和货币政策的组合拳。

财政政策方面，要在税费、社保、经营成本和租金负担上下功夫。财税方面，《政府工作报告》中已决定减免小规模纳税人增值税，免征公共交通运输、餐饮住宿、旅游娱乐、文化体育等服务增值税，减免民航发展基金、港口建设费，执行期限全部延长到2021年年底。小微企业、个体工商户所得税缴纳一律延缓到2022年。社保方面，免征中小微企业养老、失业和工伤保险单位缴费。经营成本方面，降低工商业电价5%的政策延长到2021年年底，宽带和专线平均资费降低15%。此外，财政政策还可以在降租方面发力。降租可以切实减轻中小微企业和个体户的经营负担。降租的核心是鼓励私营店面减免租金。可考虑在市场化原则基础上,采取为减租者减税降费、提供补贴等各种措施,大力鼓励私营部门免租减租、共克时艰。

货币政策方面,一是要对中小企业进行精准滴管,而不是对整个经济进行大水漫灌。大水漫灌会加剧通货膨胀和资产泡沫膨胀压力,使中小微企业的现金流更加紧张。为此,《政府工作报告》中已经强调,一定要让中小微企业贷款可获得性明显提高,一定要让综合融资成本明显下降。二是进一步增加中小微企业贷款的可得性。为此,笔者建议放松对中小企业的抵押品需求,可以考虑以企业主过往的信用评级为基础发放更多的信用贷款,避免小微企业和个体户因抵押品不足而无法拿到贷款;贷款的发放手续应该简单友好,更有普惠性;贷款额度不应太小,以支持困难时期的中小微企业和个体工商户的资金需求。

总之,要综合利用各种政策,千方百计地扶助中小微企业和个体工商户。稳住了这些市场主体,才能稳住民生与就业、保证中国经济行稳致远。

(作者系北京大学经济学院助理教授、博导)

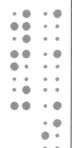

减税降费助力经济提质增效

刘 怡

"十三五"期间,我国持续推出减税降费措施,将减税降费与税制改革结合,普惠性减税降费与结构性减税降费并举,总体上取得了积极显著的成效。据统计,新增减税降费总规模累计超过 7.6 万亿元。"十三五"期间,企业税费负担累计下降 18.1%,新办涉税市场主体 5 745 万户,较"十二五"时期增长 83%。总体来看,减税降费政策对于优化营商环境、促进社会公平、实现经济高质量发展发挥着根本性、长期性的作用。

2020 年,在经济存在下行压力的情况下,全年全国新增减税降费超 2.5 万亿元。减税降费作为重要的逆周期调节政策,实现了稳预期、减负担、增活力、优结构等多重功效。

减税降费稳定了经济增长预期。2020 年,我国连续出台了 7 批 28 项支持不同群体、不同行业疫情防控和复工复产的税费优惠政策,税收收入占 GDP 比重下降约 0.82 个百分点。其中,受新冠肺炎疫情影响较大的困难行业企业 2020 年度发生的亏损最长结转年限延长至 8 年,阶段性减免增值税小规模纳税人增值税,阶段性减免企业养老、失业、工伤保险单位缴费等针对性措施有效减轻了疫情期间企业负担,为企业复工复产、经济快速恢复提供了有力保障。

减税降费提升了市场主体活力。2020 年正常退税业务办理平均时间比 2019 年提速 20%,全年办理出口退税 14 549 亿元。2020 年 1 月至 11 月,办理涉税事项的新增市场主体 1 016 万户,比上年同期增长 7.4%,其中第三季度全国重点税源企业当季实现利润总额同比增长4.9%,市场主体活力进一步激发。

减税降费发挥了税收治理作用。税收政策是国家综合治理的重要工具,减税降费始终服务于推动经济高质量发展的大政方针。受益于研发费用加计扣除等税收优惠政策,2020年全国重点税源企业研发支出同比增长13.1%,其中,制造业增长9.6%,软件和信息技术服务业增长25.3%,均保持良好创新发展势头。2020年,我国通过提高部分产品的出口退税率、对二手车经销企业销售旧车减征增值税、延续实施新能源汽车免征车辆购置税政策等措施,稳外贸扩内需,推动构建国内大循环为主体、国内国际双循环相互促进的新发展格局。

2021年,在"提质增效、更可持续"的积极财政政策要求下,我国将继续深化税制改革,制度性的减税仍将持续,例如完善增值税期末留抵退税和抵扣链条,加大对高端人才的吸引力度,继续支持制造业发展,加大对小微企业的优惠力度,等等。

面向"十四五",放眼更长远,我国税收体系将在引领经济高质量发展中发挥更为显著的作用,减税降费政策的科学性、有效性仍有进一步优化的空间。

第一,鼓励企业研发尚有提升空间。以研发创新推动高质量发展,是我国加快转变经济发展方式、调整经济结构、破解当前经济发展深层次矛盾的必然选择,其中,企业是实现高质量发展最重要、最活跃的主体。为了进一步激发企业研发创新的活力,应当重视以下税收问题。一是,《财政部 税务总局 科技部关于提高研究开发费用税前加计扣除比例的通知》(财税〔2018〕99号)规定的研发费用按照75%在税前加计扣除的政策已于2020年12月31日到期,应当尽快研究并公布下一阶段的加计扣除政策。建议二是,根据《国家税务总局关于发布修订后的〈企业所得税优惠政策事项办理办法〉的公告》(国家税务总局公告〔2018〕23号),研发费用加计扣除优惠政策只能在企业所得税年度汇算清缴时享受,不能在分月或分季度预缴时享受。这一规定会加大企业的现金流压力,不利于企业增加研发投入。国内外大量实证研究证明,企业现金持有量会显著影响其研发投入,未来可以考虑允许企业在月度或季度预缴所得税时享受研发费用加计扣除政策。

第二,进一步加大对初创企业研发投入的支持力度。研发费用加计扣除政策属于企业所得税优惠政策,《国家税务总局关于企业所得税若干税务事项衔接问题的通知》(国税函〔2009〕98号)明确规定,研发费用加计扣除部分形成的企业年度亏损结转年限最长不得超过5年。美国对企业未使用的研发支出税收抵免,允许向前结转1年,向后结转20年。相比之下,我国处于研发投入阶段、尚未盈利的企业享受到的加计扣除优惠力度较小。同时,《财政部 商务部 税务总局关于继续执行研发机构采购设备增值税政策的公告》(国家税务总局公告〔2019〕91号)对内资研发机构和外资研发中心采购国产设备全额退还增值税政策已于2020年12月31日到期。目前,初创企业研发享受到的优惠政策主要是《财政部 税务总局关于创业投资企业和天使投资个人有关税收政策的通知》(财税〔2018〕55号),该政策的优惠对象是创业投资企业和天使投资个人,只能起到间接作用,无法直接激励初创企业加大研发投入。总体来说,现有政策对处于研发投入阶段、尚未盈利企业的支持力度较小,未来可以从增值税、个人所得税等多个税种入手,设计针对初创企业研发投入的税收优惠政策。

第三,完善参与全球人才竞争的个人所得税制度。从全球个税负担看,我国内地个税最高边际税率为45%,与美国、新加坡、中国香港等国家和地区相比,个税负担偏重,不利于吸引和留住海内外高端人才;从政策优惠区域看,目前高端人才个税优惠政策只适用于粤港澳大湾区、海南自由贸易区等特定区域,不利于人才流向全国其他地区,西部开发、中部崛起、东北振兴也亟需大量高端人才;从政策享受人群看,全国性的个税优惠政策仅适用于院士、国家特聘专家和享受政府特贴等少部分专家学者,存在门槛高、覆盖面窄等问题。建议一是加大对高端人才、亟需人才、特殊人才的个人所得税优惠力度,对标世界上的科技领先国家,积极参与全球人才竞争;二是强化对高端人才个税优惠政策的协调统筹,尽量在国家层面统一制定优惠政策,消减区域性优惠政策不均衡带来的无序竞争和资源浪费;建议三是扩大高端人才个税优惠的免征范围,将地方政府或用人单位发放的人才引进奖金、租房购房补贴、子女教育费用等列入专项税前扣除范围。

第四,研究适应新业态发展的税收政策。新冠肺炎疫情使得线下经济受到冲击,但与此同时,传统行业与数字经济融合加快了发展的步伐。近年来,农业、制造业、服务业的智能化、数字化趋势明显加快,新产业、新业态、新模式正在为经济增长注入新动能。目前,数字化发展的制造业企业主要享受高新技术企业系列优惠,服务业企业可以根据《财政部 税务总局 商务部 科技部 国家发展改革委关于将技术先进型服务企业所得税政策推广至全国实施的通知》(财税〔2017〕79号)享受15%的企业所得税优惠税率,但农业新业态缺乏相关税收优惠政策支持。随着科技兴农、大学生返乡创业等浪潮的兴起,智慧农业、定制农业、互动农业等农业新业态萌芽发展,税收政策应当支持、鼓励和保护高附加值新型农业的发展,帮助农民增收。进一步,也可以加大对制造业、服务业等行业数字化转型发展的税收政策支持力度。

(作者系北京大学经济学院教授、博导)

减税降费应进一步关注社保费对企业生产率的影响
——基于税务部门全责征收社保费的研究①

秦雪征

根据 2018 年《国税地税征管体制改革方案》，我国自 2019 年 1 月 1 日起全面推行由税务部门统一征收各项社会保险费和先行划转的非税收入。这项社保征管体制变革意义非凡，有利于规范社保征缴体系，减少少缴、漏缴现象，同时强化社保基金征收力度、扩大社保基金规模能够有效地应对日益增长的养老金支出压力。这是因为税务部门作为专门征收机构，具有组织、信息、服务、执法等方面的优势，由其全责征收社会保险费，能够在提高征收率的同时，降低行政成本和遵从成本。但对于企业而言，税务全责征收社保费等价于增税政策，这意味着企业将面临一次外生的劳动力成本增加的冲击，最终可能影响企业生产率。《中国企业社保白皮书 2017》报告显示，缴费基数规范化会使 73% 的企业受到影响，将会使企业利润下滑 3%。中国社会科学院财经战略研究院经过粗略测算发现，全面推行"税务全责征收社保费"政策至少会使企业成本增加 30%。在经济发展新常态和全球新冠肺炎疫情肆虐的背景下，回答该项政策改革如何影响企业生产率无疑具有十分重要的理论和现实意义。

近日，笔者与合作者基于工业企业数据，以 2000 年以后广东、浙江和福建三省率先完成的税务全责征收试点为研究对象，对以上问题进行了量化分析。第一步，通过线性插值法和移动时序平滑法，将 1998—2013 年中国工业企业

---

① 本文的主要观点来自笔者与张玲、马光荣合作的工作论文《税务部门全责征收社保费降低了企业生产率吗?》。

数据库主要变量补齐,构造了覆盖政策实施前后五年相对完整的数据库;第二步,使用双重差分模型,评估了税务全责征收社保费改革对试点地区企业全要素生产率(TFP)的短期和长期影响。研究结果显示,改革显著降低了企业的TFP,税务全责征收使企业的 TFP 平均下降超过 17%。进一步的机制分析显示,税务全责征收社保费通过两个方面影响企业的 TFP:其一,改革增加了企业实际社保费支出金额,这意味着企业雇佣成本增加,企业现金流缩紧,挤占了企业用于提升生产效率投入的资金;其二,由于市场规模扩大是促进生产率提升的重要渠道,改革降低了企业的成本竞争力,缩减了企业的市场份额,进而抑制了企业生产率的提升。对比不同类型的企业可知,融资约束是影响企业生产率的重要渠道,面临不同融资约束的企业在税务全责征收社保费政策冲击下反应不尽相同,融资约束紧的企业如非国有企业、小规模企业等受到的政策冲击更大,企业生产率降幅明显。这是因为劳动力成本的上涨增加了企业的现金流压力,且这些企业难以获得外部融资,挤占了企业用于技术扩张和生产性投资的资金,导致企业无法对其经营活动做出最优决策,由此将扭曲其资源配置并降低生产率。

从政策含义来看,我国推行税务全责征收社保费政策时需要权衡社保基金收入增加和企业 TFP 下降之间的关系:一方面,从未来发展趋势看,规范社保征收方式、扩大社保基金规模是大势所趋,在我国养老金"收支差"持续收窄的现状下,实行税务全责征收社保费有较为强烈的现实要求;另一方面,社保费征收体制变革增加了企业劳动力成本,降低了企业的 TFP,在经济发展新常态,尤其考虑新冠肺炎疫情使企业经营压力陡增的情况下,尤应谨慎对待对企业的不利影响。为更有效地发挥政策的作用,缓解企业 TFP 降低的压力,笔者提出以下政策建议:

第一,进一步减税降费,重点关注社保费率,减少企业劳动力成本。我国社保费率虽然在近年来多次降低,但总体水平仍接近 40%,对比全球主要国家的社会保险企业缴费比例,中国的缴费比例仍偏高,在二十国集团(G20)主要成员国中居第三位,企业普遍反映负担较重,期望继续降费 8%—10%。在社保费交由税务部门统一征收后,征管能力和征管效率提升,应抓住改革时机,推进降低社保费率。减税降费要取得实效,一定要针对企业"痛点",采取有针对性、有力度的措施,切实减轻负担,真正让企业轻装上阵。

第二,不断完善金融市场,为非国有企业、小规模企业融资开通绿色通道,放松这类企业的融资约束。林毅夫和李永军(2001)提出的"中小银行优势假说"表明,中小金融机构能够更好地满足中小企业的融资需求,因此进一步鼓励中小金融机构的发展、加强利率市场化改革将会进一步增强以农村金融机构为代表的中小金融机构的经营灵活性,促使其加大对中小企业的贷款力度,有利于拓宽中小企业融资渠道。

第三,鼓励企业进行人力资源相关政策调整培训,熟悉各类新政策。同时,建立全国统一的缴费平台,便于企业方便快捷地计算最新政策下应缴的税费。近些年国家税收政策频繁变动、新政策实施以及地区性政策呈现差异化,及时了解最新动向、确保理解不出现偏差,并给企业制定恰当的应对措施和方案,是企业社保工作面临的新的挑战。因此,加强企业内部社保工作培训、建立统一完善的数字计算平台十分必要。

(作者系北京大学经济学院副院长、教授、博导)

以系统动态平衡理论推动中国农业农村优先发展

王曙光

党的十九届五中全会提出"优先发展农业农村,全面推进乡村振兴",2021年中央一号文件《中共中央 国务院关于全面推进乡村振兴加快农业农村现代化的意见》进一步强调了农业农村优先发展的必要性和紧迫性,这些新战略为促进我国农业全面升级、农村全面进步、农民全面发展提供了重要遵循。当前,我国发展不平衡不充分问题在农业农村领域表现尤为突出,"农业农村优先发展"成为解决我国经济发展过程中长期存在的不平衡不充分问题的关键。

从系统动态平衡理论出发,我国在农业农村发展战略和顶层设计层面,既要保证农村发展战略和制度框架的稳定性、连续性和承继性,又要把握时机,通过系统性制度创新,对阻碍农业农村发展的制度痼疾进行及时革除。

在未来一个较长的时期,农业农村发展要与"双循环"新发展格局构建相结合,要与中国未来高质量均衡发展相结合。"双循环"战略下的农业农村优先发展,在顶层设计层面主要涉及三大协调:

第一,城乡协调。要进一步促进城乡统筹发展和城乡一体化,尤其是促进城乡公共服务均等化,提升农村居民的社会公共服务水平和社会保障水平,从而助力消除城乡二元结构。

第二,工农协调。新技术发展给工业产业部门和农业产业部门协调互补、融合发展带来前所未有的有利条件,乡村新型工业化前景广阔,农业产业转型升级和农村第一、二、三产业融合获得空前历史机遇。

第三,区域协调。重视边疆地区、相对贫困地区、民族地区的农业农村发展,加大欠发达地区的扶贫开发力度,促进各要素从发达地区向不发达地区流动和配置,促进区域协调发展,缩小区域发展差距。

从顶层设计层面看,"三大协调"的关键是促进要素在城乡之间双向流动和合理配置,促进金融要素和人才要素向农村回流,打破阻碍要素流动的各种体制机制障碍,使农村活力得以充分激发。

未来中国农业农村优先发展战略包含三大制度板块:

一是以新型城镇化和土地制度创新为抓手,推动乡村全面振兴。

第一,进一步释放新型城镇化红利,消除阻碍城镇化深入推进的各种制度壁垒。中国未来要坚持以"小城镇建设"为核心发展新型城镇化,促进县域城市周边"核心城镇"的发展,通过"核心城镇"的产业发展、公共服务的完善和人才集聚,使县域周边形成富有生机与活力、与农村经济社会保持良好互动的经济增长群和生活服务群。小城镇建设要注重解决乡村产业发展的核心问题,进而建立统筹城乡公共服务、统筹城乡产业发展、统筹城乡治理的城乡互动机制。进入小城镇的农村人口,一方面逐步享受与市民均等的社会保障和公共服务,另一方面因自身与乡村的天然联系,在小城镇和农村之间起到中介和桥梁作用,进而推动乡村产业转型,增强乡村治理效能。

第二,探索集体建设用地入市新模式,使农民分享城镇化和乡村工业化红利。未来,为进一步推动集体建设用地入市和构建城乡统一的建设用地市场,要进一步打破集体土地的种种限制,充分释放农村集体土地要素活力,提高资源利用效率;要加强农村土地统筹规划,优化用地结构和布局,发挥市场在资源配置中的决定性作用;要探索农村土地产权交易所等形式,促进农村集体建设用地跨区域交易和市场化配置。

第三,通过系统性的制度创新,推动各种要素回流农村农业。具体而言,一方面通过制度引导与激励,鼓励优秀劳动力和人才回乡;另一方面通过农村金融机构发挥积极作用,鼓励资本回乡为农村发展助力。同时,制度和政策还应鼓励城市精英下乡,使城市各类人力资源为农村带来新的资金、技术和理念,进而盘活农村各种要素。唯有把原来农村向城市的单向要素流动转变为城乡之间的双向要素流动,农村和城市之间的藩篱才会被拆除,城乡的协调发展才会实现。

二是以"后脱贫时代"治理相对贫困为抓手,以"制度普惠"理念推动欠发达地区全面发展。

第一,消除绝对贫困为中国减贫和经济增长提供了强大动力。大规模脱贫攻坚提高了贫困人群的收入水平,也提高了欠发达地区的整体收入水平。同时,随着脱贫攻坚的推进,欠发达地区的交通和通信等基础设施状况、农村产业发展水平、教育和医疗设施等都有了显著改善,东西部差距和城乡差距进一步缩小,促进了经济增长,提升了消费需求和投资需求。因此,从某种意义上说,扶贫既是重要的民生工程、民心工程,也是重要的"增长引擎",故而民生就是增长,而且是"好增长",是"可持续的增长"。

第二,治理相对贫困的关键:从"制度二元"到"制度普惠"。"制度普惠"不仅对治理相对贫困至关重要,而且是激活农村基本消费需求、扩大内需、促进经济可持续均衡发展的关键对策。为此,我们必须深入变革农村教育制度、农村合作医疗制度、农村养老和社会保障制度、公共卫生制度、乡村社区管理的财政支持制度等,努力使城乡公共服务实现均等供给、平衡供给,破除人为"制度二元"格局,争取实现"制度普惠"。再者,随着农村居民享受的社会保障和公共服务等逐渐与城市居民相同,城乡社会保障与公共服务差距逐渐消失,我国在农村土地改革上的"后顾之忧"将大幅减少,土地所承载的"农村社会保障"功能将逐步消失。这为更深层次的农村土地制度变革、农地大规模流转和集约化经营提供了制度基础。

三是以农村组织化和集约化经营为抓手,推动农业现代化和农村现代化。

第一,积极推动农村合作经济组织、农村集体经济组织发展壮大和升级。未来农村合作经济和集体经济的转型升级需要系统的政策支持框架。一方面,国家要完善合作经济和集体经济的法律制度框架,进一步改善其内部治理,明晰其产权结构和利益分配机制,规范其运作机制;另一方面,国家应通过各种形式进行市场开拓、产业链构建、基础设施和农业技术、人力资本和管理能力等方面的扶持。同时,各地方政府应因地制宜,进行土地流转和土地租赁等方面的制度创新,支持合作经济和集体经济组织获得规模经济效应,建立合作经济和集体经济与农民的土地交易及利益共享机制。

第二,通过土地制度创新推动集约化经营,培育新型农村经营主体和现代化大农业集团。我国目前以小农生产为主体的农业生产经营模式,在与全球农业巨头的竞争中脆弱不堪。未来我国应进一步深化农业土地制度改革,加快推动土地流转,完善土地交易制度,促进农业规模化经营,为现代化农业提供物质基础;在制度层面鼓励适度规模化的家庭农场和龙头企业快速发展,尤其鼓励农业产业链整合,培育大型农业企业集团,并使其能够在整个产业链上具备全球竞争力;引入现代化农业生产组织形式和管理方法,提高农村经营主体的抗风险能力,提高农村经营主体适应市场需求的能力,为农业现代化提供组织载体。同时,我国还要积极借助农垦体系,发挥农垦作为农业现代化领军者和国家队的重要作用,通过国有农垦体系的技术创新和产业整合,打造中国自己的农业"航空母舰"。

(作者系北京大学经济学院教授、博导)

加快发展现代产业体系，引领现代化经济体系全面建设

张 辉

党的十九届五中全会强调要加快发展现代产业体系，推动经济体系优化升级。加快发展现代产业体系是建设现代化经济体系的核心和关键，也能为现代化经济体系的其他有机组成部分提供强有力的支撑，从而引领现代化经济体系全面建设。五中全会这一战略部署，为"十四五"时期推动以现代化产业体系发展为引领、推动我国现代化经济体系全面建设指明了方向，具有重要而深远的战略意义。李克强总理在2021年的《政府工作报告》中进一步强调，要"坚持创新驱动发展，加快发展现代产业体系"。

完备的工业体系和强大的规模优势是发展现代产业体系的坚实基础。工业是产业体系的中坚力量，没有坚实完整的工业体系做保障，发展现代产业体系便是"纸上谈兵"。李克强总理在《政府工作报告》中也特别强调，发展现代产业体系要"保持制造业比重基本稳定，改造提升传统产业"。我国拥有41个工业大类、207个工业中类、666个工业小类，是当前全球唯一拥有联合国产业分类中全部工业门类的国家，2020年我国工业增加值达到31.31万亿元，占全球份额接近30%，我国连续11年成为世界第一制造业大国。而且，在世界500余种主要工业产品当中，我国有220多种工业产品的产量位居全球第一。如此门类齐全、规模庞大的工业体系使我国有能力发展现代产业体系，提升产业链供应链现代化水平，实现经济转型。

补足技术短板是发展现代产业体系、提升产业链供应链现代化水平的重要环节。虽然我国拥有门类最齐全和规模最大的工业体系，但技术"卡脖子"

问题依然存在,技术创新必将也必须成为发展现代产业体系、提升产业链供应链现代化水平的根本立足点。嵌入全球价值链的模仿创新效应被学界公认,可惜的是诸如光刻机、芯片、操作系统等核心技术并不会因为全球价值链分工关系而自发溢出。因此,立足技术创新发展现代产业体系,关键在于强化国家自主创新和基础性创新能力。2021年的《政府工作报告》共计23次提及"科技"两字,比2020年多提14次,同时李克强总理强调,要"延续执行企业研发费用加计扣除75%政策,将制造业企业加计扣除比例提高到100%""强化反垄断和防止资本无序扩张,坚决维护公平竞争市场环境"。从创新扶持力度到创新环境维护,足见中央政府在未来对科技创新的渴求与决心。

加快发展现代产业体系的前提是正确处理好市场与政府的关系,既要注重发挥产业政策的有效性,也要尊重市场在资源配置的决定性作用。构建现代产业体系,实现经济体系现代化,是"十四五"时期乃至到2035年一以贯之持续奋斗努力的宏伟目标,是国家蓝图、民族复兴和人民意志的有效结合,这就要求必须把市场和政府的作用有机结合起来。加快发展现代产业体系,推动充分发挥市场作用、更好发挥政府作用的经济体制形成,一方面要激发各类市场主体活力,释放不同主体参与建设现代化产业体系的动能和空间;另一方面要完善宏观经济治理,形成以财政政策和货币政策为主要手段,就业、产业、投资、消费、环保、区域等政策紧密配合,目标优化、分工合理、高效协同的宏观经济治理体系。

加快发展现代产业体系的核心要义是提升经济布局的空间效率,释放经济增长的空间动能。近年来,国内不同区域的发展条件和比较优势发生深刻变化,都市圈城市群等新型集聚空间载体蓬勃发展,成为人才、技术、知识等"流空间"的核心枢纽,同时一大批城市出现人口与产业的"萎缩",昭示着我国的产业空间布局还有极大的提升空间。加快发展现代产业体系、推动现代城乡区域体系形成,就是要立足不同区域的比较优势,推动产业在国内有序转移,优化区域产业链布局,通过产业与要素的有序流动,形成彰显优势、协调联动的区域城乡体系。

加快发展现代产业体系的内在要求是提升产业体系的"绿色化"水平,降低产业发展的资源能源消耗水平。2020年9月22日,习近平主席在第七十五届联合国大会上提出了"努力争取2060年前实现碳中和"的战略目标,为中国下一阶段的能源转型和绿色发展指明了方向,同时为现代产业体系发展戴上了"紧箍咒",订立了时间表,传统产业的升级改造迫在眉睫。加快发展现代产业体系,推动资源节约、环境友好的绿色发展体系形成,一方面要注重"存量更新",加快传统产业朝向"高端化、智能化、绿色化"方向的升级改造;另一方面要加快"增量培育",加快壮大新一代信息技术、生物技术、新能源、新材料、高端装备、新能源汽车、绿色环保以及航空航天、海洋装备等产业。

加快发展现代产业体系的使命任务是畅通经济内外循环,提升产业链现代化水平,为建设新发展格局塑造发展新优势。统一开放、竞争有序的市场体系和多元平衡、安全高效的全面开放体系是发展现代产业体系的实现条件。改革开放以来,我国在经济发展过程中逐渐形成了资源、市场"两头在外"的发展模式,导致经济发展的波动性和安全性备受考验。因此,形成新发展格局,提升产业链现代化水平,塑造发展新优势,对于新阶段我国经济发展至关重要。加快发展现代产业体系,推动统一开放、竞争有序的市场体系形成,就是要依托国内大市场,破除阻碍生产、分配、流通、消费国民经济各环节通畅的行业垄断和地方保护,形成国民经济良性循环。加快发展现代产业体系,推动多元平衡、安全高效的全面开放体系形成,则要立足国内大循环,发挥比较优势,积极促进内需和外需、进口和出口、引进外资和对外投资协调发展,促进国际收支基本平衡。

加快发展现代产业体系最终要以人民为中心,实现高质量发展,推动供给体系更好地满足人民对美好生活的向往。收入分配体系是以人民为中心的发展理念的直接体现,一切发展能否始终做到发展为了人民,发展依靠人民,发展成果由人民共享,维护人民根本利益,是检验发展性质和成色的"试金石"。加快发展现代产业体系,推动体现效率、促进公平的收入分配体系形成,一方面要推动金融、房地产同实体经济均衡发展,依托新技术创造更多新业态、新模式和新场景，创造更多高质量就业岗位，提高劳动报酬在初次分配中的比重，从而破解不同区域、不同行业、不同部门收入分配差距过大的问题；另一方面要优化供给结构，改善供给质量，提升供给体系对国内需求的适配性，满足人民对美好生活的向往。

加快发展现代产业体系，提升产业链供应链现代化水平，推进产业基础高级化、产业链现代化，能够有效支撑现代化经济体系各部分的一体推进、一体建设，从而为2035年基本实现社会主义现代化打下坚实基础。

（作者系北京大学经济学院副院长、教授、博导）

鉴往知今，从历次《政府工作报告》中回顾我国国有企业改革走过的道路

周建波

在2021年《政府工作报告》中，李克强总理指出要全面深化改革开放，持续增强发展动力和活力。国有企业作为深化改革的重要一环，正是激发内在活力和动力的主要突破口。"出台国企改革三年行动方案"被纳入本次《政府工作报告》之中，体现了中央政府对国有企业混合所有制改革的殷切期许。改革开放以来，我国国有企业改革总共历经了以下四个阶段：

一、1978—1993年：扩大企业自主权，推行经济责任制

1978年12月召开的十一届三中全会明确指出把全党工作重点转移到社会主义现代化建设上。这一战略方针在企业改革和次年的《政府工作报告》有所体现。1979年的《政府工作报告》61次提及"企业"这一名词，而在1978年的《政府工作报告》中"企业"仅出现7次。1979年的《政府工作报告》中还强调了企业要拥有必要的自主权，激发员工积极性和维持企业有效运转，并在之后几年得到有效落实。

1983年国家开始推行"利改税"，在保证国有企业留有发展财力基础之上，完善国有企业与财政的合理分配。伴随着国有企业数量规模的增加，部分国有企业效率不高的问题已经有所显现，20世纪80年代后期的《政府工作报告》中屡次提及力求通过改革增强企业特别是全民所有制大中型企业的活力。这一时期中国经济还出现了较为严重的通货膨胀，《政府工作报告》中多次强调了国有企业对平抑物价应担负相应职责。

二、1993—2003 年：抓大放小，国有企业改革脱困

20 世纪 90 年代初期，许多大中型国有企业由于社会负担重、历史包袱多、内部管理差的短板，经济效益不高，从而陷入困境。针对这一问题，1994 年《政府工作报告》中提出要转换国有企业经营机制，探索现代企业制度。在集中力量抓好国有大型企业和企业集团，进一步放活国有小企业的方针指导下，通过境内外上市融资、规范破产、鼓励兼并、合理引导失业员工再就业等一系列举措的有效实施，我国于 21 世纪初期基本完成了国有企业的改革脱困工作。

三、2003—2013 年：股份制改革，实现市场配置资源

随着国有企业的正常运转，如何监督管理国有企业成为新的问题。这一时期，《政府工作报告》着重提出了要完善国有资产监督管理相关法规和实施办法，研究建立国有资本经营预算制度和企业经营业绩考核体系，进一步落实国有资产经营责任。2003 年成立国有资产监督管理委员会具有标志性意义。2003—2013 年间，金融服务、基础设施、公共事业等许多行业的国有企业纷纷完成了股份制的改造，这些微观个体的成功改革也促进了社会主义市场经济的良好运转。

四、2013 年至今：混合所有制改革

尽管在多年的改革之后，许多国有企业建立了基本的现代化企业管理制度，能够自负盈亏，但是国有企业仍被诟病于利润或者来自行政或资源的垄断，而并未达到效率的最大化。因此，为进一步增强各类所有制经济活力，进一步细分不同领域国有企业职能，加快发展混合所有制改革成为新的突破目标。在近年的《政府工作报告》中，促进民营企业发展和经济结构转型逐渐成为讨论的重点。相应地，国有企业被鼓励在主业上做大做强做优，同时剥离国有企业办社会职能，解决历史遗留等问题，健全市场化经营机制。

从中国国有企业改革的历史和历届《政府工作报告》来看，中国国有企业改革的发展政策体现了较强的连续性。例如，今天人们所熟知的"抓大放小"的改革方针早在1982的《政府工作报告》中就有所体现，这一时期的《政府工作报告》不仅提出当时的国营经济中存在不少亏损效益的企业，也提出整顿企业要先抓好大企业。又如，股份制改革在21世纪初期才完成，但是股份制改革试点的内容早就写入了1988年的《政府工作报告》。此外，中国国有企业改革是促进经济发展的重要途径之一，但需要多方面协调配合。例如，国有企业改革三年行动目标要求提出了增强国有经济五力，即国有经济竞争力、创新力、控制力、影响力和抗风险能力。国有企业竞争力的提升在于进一步完善现代企业管理制度；创新力的提升需要知识产权制度、激励制度改革的配合；控制力指的是国有企业在提升产业链供应链水平上发挥引领作用，这建立在市场能够充分保障国有企业和民营企业公平竞争的基础之上；影响力需要在打破国有企业办社会的职责之上，完善国有企业承担相应的社会责任；抗风险能力则需要进一步完善国有资产监管机制以及市场监管体系。

鉴往知今，如今的国有企业改革正处于深水区，新时代国有企业改革的任务仍然繁重，进一步完善国有企业现代企业制度建设和深化所有制改革将开启国有企业改革的新征程！

（作者系北京大学经济学院教授、博导）

3 Part

民生建设：广厦千万间，枝叶总关情

延迟退休,我们准备好了吗

陈 凯

近期,国务院新闻办公室在就业和社会保障情况新闻发布会上提到,人力资源和社会保障部正在会同相关部门研究有关延迟退休的具体改革方案,并会广泛听取各方面的意见和建议,以确保方案科学可行、平稳实施。再考虑到"十四五"规划中也提到要出台渐进式延迟法定退休年龄的政策,可以说,延迟退休这个近几年两会上频繁出现的话题已经快到了落地的时候。那么,面对潜在的渐进式延迟退休方案,我们准备好了吗?

要研究这个问题,首先,我们要深入分析延迟退休的意义和目的,这样才能知道需要准备什么。对于延迟退休,我们通常看到的逻辑路径是人口老龄化问题加剧导致社会基本养老保险基金不足,所以要延迟退休年龄来缓解基金的支付压力。这个逻辑毋庸置疑,但其实并不是延迟退休的主要意义和目的。解决社会基本养老保险基金的亏损其实有很多办法,例如政府转移支付、提高保险缴费、降低退休福利等。但是,不管什么办法,包括延迟退休政策,总有正反两方面的效果,这是需要我们去考虑的。延迟退休真正的意义是什么呢?笔者认为是给个人更多的机会和可能性来满足精神需要与物质需要。随着医疗科技水平的不断提高,人类的期望寿命越来越长。拿中国举例,中华人民共和国成立初期,我国居民的平均寿命仅为40岁左右,到了1978年时我国居民的平均寿命已经接近70岁,比1949年之前增长近一倍。而2010年第六次全国人口普查时我国居民的平均寿命已经达到了74.83岁。居民不仅寿命延长,健康状况也有了大幅改善。这给居民退休后的生活提出了更高的要求,无论是物质财富的积累还是精神财富的满足。而延迟退休年龄可以给大多数人一个积累更多财富的机会,从而提高他们退休后的生活质量。另外,延迟退休年龄可以让更多人继续发挥他们的技术和作用,促进社会进步,推动经济发展。对于一些处于重要工作岗位的个人,延迟退休可以让他们获得更多的社会认可,满足精神层面的需求。当然,对于一些体力劳动者而言,身体机能的衰退使他们无法继续之前的工作,需要正常退休甚至提前退休。所以,在制定延迟退休政策时还要考虑多方面的因素,给个人更多的选择权和可能性,用灵活的方式弹性调整退休年龄。

其次,我们来看看延迟退休所面临的阻力是什么,以及如何缓解这些阻力。虽然延迟退休是大势所趋,但是对于个人来说,延迟退休意味着增加工作时间,减少领取养老金的年限。这关系到每个公民,引起反对是很正常的。因此,延迟退休政策的推出牵扯到维护社会稳定问题,务必十分谨慎。如果不能妥善解决,势必会影响政府的形象和大局的稳定。这也是这一政策讨论了这么多年仍然没有出台的原因。延迟退休的另一个阻力来自就业压力。很多人认为就业人数的总池子就那么大,退休的人少了,空出的位置就少了,年轻人就业和升职的空间也会变小,使得青年人口未来就业形势更加严峻。其实不尽然,最主要的原因是经济活动并不是固定的,就业人数这个池子也不是一成不变的。延迟退休会使高年龄段人口的收入增加,从而提高家庭的收入水平和消费水平,这会带动整个社会经济水平的提高,从而增加就业,扩充这个池子的容量,并形成良性循环。另外一个原因是高年龄段人口和低年龄段人口的技术水平及知识结构的差异使得两者并不存在明显的替代作用。简单地说,就是社会对新员工的需求并不会减少,因为他们大量的工作并不会被高年龄段人口所替代。欧美很多国家的学者都对这一问题进行了研究,结论也都不支持延迟退休对年轻人就业的挤出效应。中国也有很多学者做了相关的讨论和分析,比如北京大学张川川和赵耀辉教授的研究、复旦大学封进教授的研究等，通过数据分析得出结论：延迟退休并不会造成就业挤压效应，反而有可能促进经济发展、增加社会就业。因此，政府需要进行更多的教育和宣传，让公民理解延迟退休的重要性，缓解大家的压力，减轻政策推出的潜在阻力。

最后，当未来延迟退休的政策出台之后，有哪些辅助政策和措施可以帮助其更好地过渡呢？在延迟退休年龄之后，居民的工作时间增加，潜在退休时间可能减少。影响未来退休生活的养老保险体系和社会保障体系问题就显得更为重要。我国目前的养老保障采用三支柱的体系：第一支柱基本养老保险所占比例过大；第二支柱企业年金和职业年金近年来虽然发展很快，但总体规模不足；第三支柱个人养老保险才刚刚开始试点，尚处于起步阶段。这种结构显然是不平衡的，也是无法持续的，需要尽快完善养老保障体系来辅助延迟退休政策。"十四五"规划中就提到要"健全多层次社会保障体系"，2021年的《政府工作报告》中也提及要"规范发展第三支柱养老保险"。那么目前该如何发展第三支柱养老保障呢？结合世界其他国家养老金市场发展和一些典型养老基金公司的经验来看，养老保障制度和金融产品之间存在强烈的依托关系。以美国为例，20世纪70年代美国的养老保障体系也碰到了严重问题，缺乏与需求匹配的金融产品，使得养老基金收益水平不足，居民投资意愿不足。但后来一些基金公司发现了这一需求，开发了这一市场，利用养老目标基金等金融产品来满足居民养老的切实需求。政府也适时推出政策支持，使美国第二支柱和第三支柱的养老计划在20世纪八九十年代得到了飞速的发展。资本市场借此机会获得了不少资金支持，居民的投资意愿进一步增加，形成了良性循环，美国政府延迟退休的政策也得以顺利进行。他山之石，可以攻玉，美国养老市场和养老目标基金共同发展的经验十分值得中国学习。借助资本市场和金融工具，完善多层次养老保障体系，有助于增加居民对制度的信任感，使得延迟退休政策顺利运行，并发挥其真正作用。

在全球老龄化的大背景下，我国目前的法定退休年龄远低于世界平均水平，也不适应我国目前人口年龄结构，延迟退休政策势在必行，而且亟待推出。但在设计延迟退休政策的过程中，务必充分考虑我国人口、经济、政治等因素的特点，设计便于被居民接受的渐进式弹性延迟退休政策。同时，还要重视对政策的正确宣传和教育，增加居民对制度的信任感，并尽快完善辅助政策，借助资本市场，顺利完成制度的过渡。

(作者系北京大学经济学院副教授)

合理增加财产性收入,装填百姓"钱袋子"

崔 巍

改革开放以来,我国居民的收入水平和财富积累都得到空前提高。国家统计局数据显示,2010年我国城镇居民人均可支配收入为19 109元,农村居民人均纯收入为5 919元,到2020年人均可支配收入已达到32 189元,人均收入比2010年翻一番的目标如期实现,且10年间,多数年份人均收入增速快于GDP增速。

从收入来源看,我国居民收入仍延续着以工资性收入为主,财产性收入、经营性收入和转移性收入等多种收入为辅的格局。财产性收入增长较快,但是财产性收入基数小且占人均可支配收入的比重持续偏低。2020年可支配收入中,人均工资性收入、营业净收入、财产净收入和转移净收入的占比分别为55.7%、16.5%、8.7%和19.2%。其中工资性收入和营业净收入的增长率相对较低,仅比上年分别增长4.3%和1.1%。转移性收入在近年来一直保持着较高的增长率,2020年名义增长率达到8.7%,这突出反映了保障民生、健全多层次社会保障体系的政策效果。

而财产性收入的表现较为抢眼,2020年人均财产净收入名义增长6.6%,比可支配收入的增速高出1.9个百分点。在可支配收入中,2013—2019年财产性收入的增速均排名第一,2020年受新冠肺炎疫情影响,政府为了保障民生,加大了社保支出支持力度,使转移性收入的增速反超财产性收入增速。

稳定和增加居民财产性收入,是"十四五"时期促进居民收入增长的重要举措。党的十七大报告提出要"创造条件让更多群众拥有财产性收入",党的十八大和十九大报告均强调要多渠道增加城乡居民财产性收入。就我国目前的情况看，居民的财产性收入占比仍偏低，有着较大的上升空间。

根据国民核算账户和我国国民经济核算，财产性收入包括投资收入和自然资源的租金。根据国家统计局住户调查的定义，财产性收入包括个人或家庭拥有的动产和不动产所获得的收入，其中，动产即金融性财产，如银行存款和有价证券等，不动产即非金融性财产，如车辆、土地和收藏品等。数据显示，我国居民的大部分资产集中在房产和存款上，而在发达国家居民在金融市场、房地产、养老保险计划上的资产分配更为均衡。

如何让财产衍生出财产性收入，合理提高财产性收入来装填百姓"钱袋子"呢？财产是存量，财产性收入是流量。财产基数是财产性收入的基础。从宏观角度看，财产性收入受市场基础、制度安排和宏观环境等因素的影响；从微观角度看，财产性收入取决于居民的个人特征、风险意识和理财能力等。

相较于其他类型的收入来源，财产性收入是唯一需要由居民自由发挥和自主投资，使其实现增值的收入类型。财产转化为财产性收入的一个重要条件是居民将资产进行投资。居民财产是不能自行产生收入的，也不需要通过生产经营获得，只需要通过资产市场、房地产市场或收藏品市场等进行投资获得收益。居民资产投资分为对金融资产的投资和对非金融资产的投资，相应地，会带来金融财产性收入和非金融财产性收入。居民投资的主动权掌握在自己手中，只有积极主动地参与金融市场或非金融市场活动，才能提高拥有财产性收入的可能性。

在给定财产总量的情况下，财产性收入取决于居民的资产配置和资产投资行为。当前，我国居民的财产性收入偏低，这一方面是因为居民的风险偏好较低，过度偏好低收益率的无风险和低风险资产，比如倾向于持有银行存款和现金，但对股票、基金、理财产品等高风险资产的投资明显不足。另一方面是由投资机会决定的。目前我国金融市场发展仍比较滞后，投资财产性收入的途径仍较窄且投资渠道缺乏，使得居民投资相对集中；同时，个人投资理财市场发展较慢，难以满足不同群体日益多样化的投资需求。

若使财产实现增值,形成财产性收入,需要微观主体的积极努力和宏观经济环境的支持。在稳定的经济环境中,人力资本积累是影响财产性收入的微观基础。受教育水平较高的居民大多具有较多的金融知识,能够有效地管理金融资源,会合理配置资金并做出科学的理财规划,在实现财产积累的同时提高财产性收入。2021年《政府工作报告》中明确指出,要建设高质量的教育体系,使劳动年龄人口平均受教育年限提高到11.3年。这有助于居民的人力资本积累,树立正确的投资理念,能够显著提高居民拥有财产性收入的可能性,有助于居民积极参与金融市场活动和非金融市场活动并获得投资收益。

金融市场是居民获得财产性收入的主要场所。建立和健全完善规范的市场经济体制是获得财产性收入的重要市场基础。第一,要全面完善产权制度。有效的产权制度是获得财产性收入的制度保障。不完善的产权保护制度可能使居民减少对金融资产的投资,特别是对高风险金融资产的投资;还可能使居民将更多资源用于"掠夺"或私人资产免遭"掠夺"的非生产性活动。对财产与产权的有效保护能够使人们形成对交易的稳定预期,降低投资的非市场风险,激励居民进行资产投资以实现收益最大化。

第二,要进一步建设高标准的市场体系,发挥多层次资本市场的作用。应该拓宽居民增收渠道,拓展投资空间,积极发展普惠金融,在金融资源供给方面应该向中低收入群体倾斜,多渠道增加居民的财产性收入。

第三,金融市场的健康运行需要大的系统观。需要政府更好地发挥作用,推动有效市场和有为政府更好结合,以稳定居民对资本市场财产性收入的预期。在产权制度逐渐明晰的背景下,让财产这种非劳动性生产要素参与到市场经济中,能够实现社会闲散资金的融合,促进扩大再生产,刺激国内需求,有利于人民群众分享改革发展的成果,促进国内大循环,对我国经济持续健康发展具有重要意义。

第四,提高居民财产性收入不能盲目追求速度,而应该注重质量。将财产性收入的比重控制在一个合理的范围内,才能切实提高其对居民"钱袋子"的贡献度。过高的财产性收入也可能带来负面影响,比如,资本市场本身具有加速财富增值或贬值的特点,部分群体的财产性收入大幅增长,容易形成食利群体,同时"马太效应"会导致财产性收入差距快速扩大,扩大财富不平等并加剧经济波动。而合理的财产性收入有助于居民收入水平的提高,对实现共同富裕的目标大有裨益。

(作者系北京大学经济学院长聘副教授)

有效治理快速扩张的弊端，促进在线教育的良性发展

冯 科

一、在线教育的高速发展

近些年来，中国的在线教育进入了高速发展阶段。从在线教育的普及情况来看，2016年中国在线教育用户人数为1.04亿，至2019年增长到了2.59亿，增幅达149%。从在线教育的市场规模来看，2016年中国在线教育市场规模为2218亿元，至2019年增长到了4041亿元，增幅达82%。各种在线教育的新产品层出不穷。随着移动通信、智能手机和平板电脑的进一步发展和普及，在线网络平台及移动客户端App等形式的在线教育模式也应运而生。目前，我国有超过23万家在线教育相关企业，其中最近1—5年成立的企业超过一半。特别是2020年的新冠肺炎疫情大大推动了在线教育的发展。在教育部"停课不停学，停课不停教"的号召下，2020年3月我国在线教育的用户人数一度曾达到4.3亿，占到中国网民数量的一半。2020年6月，国内疫情基本得到有效控制后，全国各地大中小学有序复课，在线教育的用户人数回落至3.8亿人，但仍比2019年的水平高出47%。

但是，在线教育也出现了很多弊端。在2021年的全国两会上，全国政协委员、广东省政协副主席李心建议，从教师资质、内容质量、营销手段、收费标准、学费安全等方面对在线教育机构全方位加强监管。全国政协委员、杭州师范大学原校长杜卫指出，"围绕着中小学形成了巨大的产业，现在有一些项目莫名其妙地进入中小学，这种培训基本上以过度教育、超前教育为主要方式，

它的根本目的是赚钱"。因此,有必要审视这些弊端,并提出行之有效的治理建议。

二、在线教育存在的弊端

在规模迅速扩张的进程中,在线教育平台也显现出众多问题。个别平台逐渐跑偏了赛道,退费难、师资乱象、虚假宣传、内容不合规、违规搜集个人信息、业绩亏损造假、获客成本高、预收费超期等弊端涌现。

首先,在线教育平台往往存在违反市场秩序的问题。比较典型的违反市场秩序行为有以下几类:第一类是虚假宣传问题,即平台的广告或宣传的教育服务信息含有夸大事实、空洞承诺的成分,与事实明显不符或者不够全面。第二类是霸王条款问题,即在线教育平台提供的格式条款明显存在免除平台责任、加重被教育者责任的问题。在各类投诉中,无论是基础教育培训,还是职业教育、语言培训,对霸王条款的投诉比例都较高。第三类是收费、退费等费用相关问题。对于收费,有些平台预付费过高,大部分平台一次性收费三个月以上(甚至达到三年)。平台普遍存在合理退费困难的问题,这部分程度上是格式条款的问题,平台会在退费条款及程序上设置障碍。还有一种现象也较为普遍,即平台大肆宣传充值越多优惠越多的营销,收取长期学费后平台难以为继"跑路"的问题。

其次,在线教育平台还存在资格许可方面的问题。这类问题可以分为人和机构两方面的资质问题。先是关于人的资质,目前大部分在线教育平台未在其网站公示授课教师的资质情况,而多以若干名所谓名师替代对所有授课教师资质的全面介绍。问题尤其突出的是教师资格问题,按照教育部等六部委文件的要求,语文、数学、物理、化学等学科知识培训的人员应当具有国家规定的相应教师资格。再是关于机构的资质问题,现实排查及日常监管过程中可以发现,大量在线教育平台的建设主体并不持有互联网信息服务增值电信业务经营许可证、网络文化经营许可证等互联网经营许可证。

再次,在线教育平台对教育内容缺乏规制。第一,在线教育平台中存在不符合我国主流意识形态和社会公序良俗的问题,这在外国教育资源的引进方面尤其突出,法律上并没有明确平台的内容审查义务,这与这几年直播平台出现的社会乱象存在相似之处。第二,在线教育平台对低俗、暴力、色情、恐怖等对青少年有害的信息缺乏过滤,有的平台存在与学习无关的网络游戏等内容,影响青少年学生成长。

最后,资本买单高昂的获客成本,行业陷入烧钱引流的恶性循环。近期,跟谁学、51talk、新东方在线、网易有道几家上市在线教育企业相继发布了2020年企业财报,除51talk之外,几家企业的净利润均为负数。大部分在线教育企业的亏损都源自大规模的烧钱推广。新冠肺炎疫情虽然使在线教育机构激增,但在线教育培训机构同质化现象严重,在线教育平台教学模式类似,产品差异化不足也使得获客成本居高不下。需要投入大量的营销费用,通过广告植入、节目代言、品牌赞助、免费或低价课程等手段来提升自身的品牌影响力及知名度。VIPKID创始人米雯娟曾表示,其所在平台VIPKID平均获客成本约为4 000元,短期还曾达到过8 000元至1万元。这是资本在背后支撑,资本抱以赌博的目的,希望通过砸钱砸出在线教育的美团和滴滴。而这恶性竞争将带来不良的后果。

三、促进在线教育良性发展的建议

要想促使在线教育行业回归教育的初心,机构和用户们必须认清在线教育的本质是教育,而不是在线的形式、资本的收益。在线教育机构必须将更多资源投入教学研发上,用教育成果换得好口碑、赢得大市场。除此以外,还需要教育工作者用心教学、监管部门尽心监管、家长们擦亮双眼理智选择,多管齐下、协同作用,配合科技助力,通过有效治理,促进在线教育良性发展。

(一) 推动相关法律法规的建立,完善行业标准和制度

目前在线教育行业呈现出野蛮生长的态势,缺乏健全在线教育法律法规。要推动在线教育良性发展,需明确在线教育的认证标准、准入资格和把关责任,明确相关平台、教师以及市场监管、教育部门的责任,明确收费标准和授课

质量标准,建立信用惩戒制度和退出制度,切实堵住相关管理漏洞。从教育政策导向来看,应更加重视校外培训机构的规范和治理,持续对培训机构的办学条件、培训内容、收费管理、广告宣传等进行查验,打击整治唯利是图、师德失范等不当行为;制定在线教育的培训内容标准,严禁课程超纲,确保内容符合教学大纲要求。引导机构结合各地实际情况,对内容进行差异化处理,丰富教学资源。围绕培训内容、信息安全、经营规范等重点,实施备案审查制度,对在线教育行业进行全面排查整改,做到线上线下同步管理。加强资本市场管控力度,严厉打击恶意降价等扰乱市场秩序的不正当竞争行为。建立资金监管体系,强化预收费动态监管机制,通过设立专项资金账户等方式,防范金融风险。定期更新机构信息,建立诚信机构黑白名单,将培训机构置于社会监督之下。严格执行《中华人民共和国广告法》的规定,要求培训机构进行广告宣传时,忌夸大或虚假宣传,如有违法宣传者,应严肃查处。同时,有必要和行业组织一起,针对在线教育机构的营销大战及其存在的风险,出台进一步规范经营的规定,引导经营者把精力、资金用在提供高质量、个性化的教育产品上,也营造基础教育良好的教育生态。同时,监管部门还须依法履职,把法律落实到位,督促和倒逼在线教育平台、教师增强自律意识、责任意识,恪守规则底线。

(二)回归"教育"二字,着眼长期发展

在线教育的本质是教育。一方面,呼吁在线教育行业回归教育初心,抓住核心竞争力。教育行业本质上属于需要具备教育情怀、能够精耕细作且长期投资的领域,短期内抢占客户吸引流量只是策略的一个方面,从长期来看,教育质量的保证与提升才是其发展的根本。当前,在资本的助推下,在线教育把大量精力放在广告宣传与市场营销上,通过流量占领市场,忽视了教育内容与服务质量的运营模式,只追求眼前利益,无法提高平台的核心竞争力。企业应关注行业竞争及发展的本质,合规发展;提升师资力量、课程研发能力、教学质量等服务质量,建立以学生为中心的教学方法、评价方式;在专业教育人才引进及培养、企业日常管理等方面多下功夫,完善各项机制,不断提高在线教育的竞争力;提高用户对在线教育的信任度,提升行业整体美誉度,为教育事业贡献"线上之力"。另一方面,消费者也应提高明辨是非的能力和水平,不被在线教育的营销手段冲昏头脑。在购买课程、订立合同之前要充分考虑到退费的情形,并要求在合同中明确约定,以免上当受骗以及后期维权难。当发现上当受骗后,不能自认倒霉,而要勇敢地站出来,利用法律武器积极维权。

(三)科技赋能教育,以人为本,实现人技协同

随着新一轮科技革命和产业革命的快速发展,科技和教育的应用成为新的趋势。"互联网+"成为新常态,线上线下一体化趋于实现,优质教师可以辐射更为广泛的区域;精准评价进入常规课堂,利用大数据获得学生的弱势和短板,为针对性辅导打下坚实基础。培训机构应充分利用好科技创新带来的红利,随着人工智能技术应用于教育领域,既贴合学校课堂教学的系统性、专业性和目标导向性特点,又具有自主性、个性化和主创性的优势。在线教育追求的是人与技术协调一致、和谐共生。技术对于在线教育至关重要,在线教育离不开信息技术的支持,但是,只有技术与人有机融合,技术才是人性化的技术。从另一个角度来说,教育的本质是培养"人",在线教育的逻辑起点是关注"技术中人的成长",最终促进人的全面自由发展。

(作者系北京大学经济学院副教授、博导)

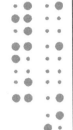

从失业对城市犯罪的影响，看稳就业政策的必要性

张　延　王　琪

国务院总理李克强 2021 年 3 月 5 日在《政府工作报告》中提出："就业优先政策要继续强化、聚力增效。着力稳定现有岗位,对不裁员少裁员的企业,继续给予必要的财税、金融等政策支持。继续降低失业和工伤保险费率,扩大失业保险返还等阶段性稳岗政策惠及范围,延长以工代训政策实施期限。拓宽市场化就业渠道,促进创业带动就业。推动降低就业门槛,动态优化国家职业资格目录,降低或取消部分准入类职业资格考试工作年限要求。支持和规范发展新就业形态,加快推进职业伤害保障试点。继续对灵活就业人员给予社保补贴,推动放开在就业地参加社会保险的户籍限制。做好高校毕业生、退役军人、农民工等重点群体就业工作,完善残疾人、零就业家庭成员等困难人员就业帮扶政策,促进失业人员再就业。拓宽职业技能培训资金使用范围,开展大规模、多层次职业技能培训,完成职业技能提升和高职扩招三年行动目标,建设一批高技能人才培训基地。实施提升就业服务质量工程。运用就业专项补助等资金,支持各类劳动力市场、人才市场、零工市场建设,广开就业门路,为有意愿有能力的人创造更多公平就业机会。"

就业是民生之本、财富之源。但受到全球新冠肺炎疫情影响,加之国外风险挑战增加,稳就业的压力有所增大。国家统计局的数据显示,2020 年我国城镇新增就业 1 186 万人,比 2019 年少增 166 万人。2020 年年末全国城镇调查失业率为 5.2%,城镇登记失业率为 4.2%。全国农民工总量 28 560 万人,比 2019 年下降 1.8%。其中,外出农民工 16 959 万人,下降 2.7%;本地农民工 11 601 万人，下降 0.4%。就业率的下降会直接影响居民收入的提升，2020 年我国居民人均可支配收入比 2019 年增长 4.7%，扣除价格因素，实际增长 2.1%，而 2019 年这一实际增长率为 5.8%。进一步，居民人均消费支出比 2019 年下降了 1.6%。以上数据表明，我国目前稳就业的形势相对于往年较为严峻。在此过程中，不仅需要推动就业激励政策的实施，还需通过完善相应制度，防范可能出现的风险，维护社会稳定和长治久安。

梅莉萨·戴尔(Melissa Dell)是美国哈佛大学经济学院教授，因其在政治经济与经济发展领域的突出贡献，被美国经济学联合会(AEA)授予 2020 年度约翰·贝茨·克拉克奖(John Bates Clark Medal)。戴尔通过精巧的实证设计，研究政府政策在经济发展中的持续性作用，基于特定的历史背景，详细分析了制度的产生和影响机制，他山之石可以攻玉，她对失业与犯罪问题的研究值得借鉴。

犯罪经济学通常从经济动机的角度来解释犯罪行为。Becker(1968)提出了基本的分析框架，个体在不确定情况下通过成本收益计算来决定是否参与犯罪，犯罪的预期收益来自犯罪行为得到的经济收益扣除被抓获的可能性，预期成本通常用机会成本计算，因此合法工作机会的减少会降低机会成本，进而增加犯罪。很多研究讨论了犯罪和失业的关系，但并没有发现明显的证据支撑(Freeman, 1999; Draca and Machin, 2015)。Dell et al. (2019)指出这是由于此前的研究关注的是高度制度化的国家，在制度薄弱的发展中国家可能存在不同的情况，因为这些地区通常刑事司法机构的定罪能力较低，犯罪组织更为常见，犯罪的求职搜寻成本较低，犯罪组织之间的大规模冲突也会增加暴力的需求。戴尔及其合作者以墨西哥为样本，使用工具变量的方法研究了由贸易导致的失业对城市犯罪的影响。

墨西哥制造企业的主要竞争来源是其他国家对美国市场的出口，而且这一出口的变化对于墨西哥毒品交易和犯罪活动的变化而言是外生的。Dell et al. (2019)构建了一个市级贸易竞争指标，衡量墨西哥每个城市的工人面临的国际竞争的变化，如果该市在其他国家对美出口预计将增长的行业中拥有更大的就业份额,则该指标会较高,然后用这一指标作为墨西哥制造业工作岗位变化的工具变量,以识别失业与犯罪的关系。研究结果表明,在预测国际竞争增加较多的墨西哥城市,其制造业工作岗位的流失明显较大,这导致了更多的毒品走私和暴力活动,尤其是在有大规模犯罪组织的城市,而且国际竞争对年轻的、受教育程度较低的男性的影响更大。

戴尔等人的研究支持了贝克尔模型中的结论,提供了失业与犯罪联系的证据,并强调了将个人经济激励与组织角色相结合的价值。当就业选择有限时,利润丰厚的非法贸易所提供的经济机会就变得非常宝贵,尤其对年轻的、技术水平低的人,而犯罪组织受到低成本劳动力供应增加的刺激,会扩大活动,在争夺资源的过程中引发冲突和暴力行为。此外,戴尔的研究弥补了发展中国家城市暴力研究的空白,此前的研究侧重于关注暴力集中的农村地区,城市暴力常常被忽视。但在墨西哥,4/5的谋杀发生在城市,这里是全球城市中谋杀率最高的,研究城市暴力犯罪的原因具有重要意义。最后,贸易对犯罪活动的影响尚未得到广泛探讨,这一研究关注受贸易影响的制造业,考察了贸易和暴力之间的关系,并提供了机制上的证据。

在研究方法上,戴尔主要以断点回归、工具变量回归等实证方法为基础,巧妙地利用具体事件的特殊背景,结合数据重建、对照识别等方法,丰富和发展了经验研究所能涉及的领域。研究主要基于断点回归的方法,根据处理变量的不连续性,构造出处理区域与对照区域边界,测算边界两侧冲突或犯罪水平的差异。同时出于内生性的考虑,戴尔综合运用了工具变量的方法分离出外生变化,识别某一因素的影响。她灵活运用基础的计量方法,根据问题的具体特征创造可识别条件,这一过程对实证研究者具有重要启发。

上述研究对于我国防范失业带来的风险具有一定的警示作用,也指出了稳就业政策不仅具有经济意义,还具有重要的社会意义。值得庆幸的是,我国法律制度和社会规范现已较为完善,加之失业保险、医疗保险等社会保障制度逐步健全,各个群体已具有较强应对风险的能力,可以有效减少此类问题的发生。

另外需要指出的是,尽管由全年数据来看,多项指标的表现不尽如人意,但其中存在一定的滞后效应。一是因为2020年年初经济所受负向冲击较大,多项指标出现了大幅下降。但事实上,自2020年第二季度以来,就业形势已逐步好转,就业压力得到了较大缓解。二是因为政策作用的发挥需要时间,随着稳就业政策的继续强化,加之世界经济缓慢复苏,总体需求得到改善,工业生产逐步恢复,我们有理由相信中国经济将持续稳定恢复,这将进一步带动就业需求、稳定就业形势。

(张延系北京大学经济学院教授、博导;王琪系北京大学经济学院2016级西方经济学博士研究生)

合理优化城市土地资源配置，以城市更新行动推进新型城镇化建设

龚明远

2021年的《政府工作报告》提出，要"深入推进以人为核心的新型城镇化战略，加快农业转移人口市民化，常住人口城镇化率提高到65%，发展壮大城市群和都市圈，推进以县城为重要载体的城镇化建设，实施城市更新行动，完善住房市场体系和住房保障体系，提升城镇化发展质量"。

城市是经济活动的重要空间载体。改革开放以来，我国的城镇化水平得到了快速的提升。1978年，我国的城镇化率为17.8%，到了2020年年底，我国常住人口城镇化率已超过60%，取得了举世瞩目的成就。但过去粗放式的城镇化进程也带来了一系列问题，如"大城市病"、城市规模超出环境承载力、土地城镇化快于人口城镇化、市民化程度不足等。随着我国经济进入新发展阶段，城镇化的路径也必然随之做出调整，以更好地适应新发展格局对城镇化质量的需求。因此，"深入推进以人为核心的新型城镇化战略"的提出明确了新型城镇化的关键目标，为我国"十四五"期间的新型城镇化道路指明了前进方向。

在推进以人为核心的新型城镇化过程中，需要解决的关键问题有两个方面：一是如何有效解决转移人口对公共服务的共享问题；二是如何引导人口流动以调整城市规模合理分布，使之与当地的发展水平、环境承载力相匹配。对于前者，需要在现有公共服务供给状况的基础上实现帕累托改进，提升城市公共服务供给水平和效率；对于后者，则需要在城市间充分协调，根据各城市发展状况的不同，实现城市间居住舒适性和居住成本的平衡。

在我国目前的城市土地管理制度下,一方面,中央政府主要对建设用地指标进行总体控制,实际土地供给水平则由地方政府具体决定;另一方面,地方政府是地方公共品的主要提供者,这就导致了地方政府可以通过高价出让土地以获得额外的地方财政收入,满足提供地方公共品所需的财政支出。但无论过多的土地供给行为还是过少的土地供给行为,都对新型城镇化建设造成了一定的负面影响。当土地出让过多时,大量的土地出让导致城市面积扩张速度过快,土地城镇化快于人口城镇化,直接降低了城镇化质量;同时,高价出让居住用地的行为会在一定程度上带动城市居住成本的上升,从而不利于收入水平较低的转移人口的进入和市民化,并可能导致土地用途失衡。而当土地出让过少时,土地的稀缺同样会导致城市居住成本的上升和宜居性的下降,从而阻碍城镇化质量。与此同时,在城市快速扩张的背景下,众多城市的老旧城区在基础设施、公共服务等方面已较为落后,这无疑降低了这些城区的宜居性,对城镇化质量同样产生了负面影响。

《政府工作报告》在介绍 2021 年工作重点时指出:"切实增进民生福祉,不断提高社会建设水平。注重解民忧、纾民困,及时回应群众关切,持续改善人民生活。"因此,为了推进以人为核心的新型城镇化建设,需要立足于城市土地、公共品等与居民生活水平密切相关的环节,双管齐下:一方面,从城市土地供给侧入手,优化城市土地资源配置,在满足不同类型城市土地需求的基础上避免土地过度扩张,实现对城市土地的合理利用,从而提高城市发展质量;另一方面,对城市内部现有公共服务的结构进行优化,提升其供给水平,利用城市更新行动,在实现公共服务水平提升的同时扩大公共服务覆盖面,以在提升城市宜居性的同时促进转移人口市民化。具体来说,可通过以下几个方面进行推进:

第一,立足于城市群和都市圈的整体发展状况,对城市土地供给规模进行总体规划。随着京津冀、长三角、珠三角等城市群和都市圈的发展,城市群内部各城市间的经济联系愈加密切。在这种情况下,单个城市土地供给的规模同样会影响到城市群内其他城市的发展。因此,在对城市土地供给规模进行规划时,应立足于城市所在城市群和都市圈的整体发展状况,从城市群和都市圈的层面上进行协调规划,以综合考虑城市土地供给规模变化对城市群内其他城市发展的影响,实现最优城市土地供给规模。

第二,在不同类型城市土地供给方面,应立足于当地实际发展状况,选择适当的城市土地供给水平和结构,以最大限度地发挥集聚效应的作用,保障城市化质量。一方面,对各类土地的供给需针对当地的产业结构、人口结构特征进行规划和调整,合理安排生产用地、居住用地、生态用地等不同类型土地的比例,以充分保证城市企业与居民对生产和生活的需求;另一方面,要避免土地过度供给对城市发展产生不利影响。

第三,依托城市更新行动,有针对性地提升城市基础设施和公共服务供给水平,营造良好的城市生活环境。2021年的《政府工作报告》制定了"新开工改造城镇老旧小区5.3万个"的目标,通过城市更新行动对老旧小区、城中村进行改造和配套基础设施建设,可增加其宜居性,避免出现城市"去中心化",从而保证城市内部空间结构的合理布局。同时,随着城市更新行动的开展,城市所能提供的公共服务水平得到了提升,可以此为契机,推进城市公共服务水平均等化,增加公共服务覆盖面,缩小转移人口与户籍人口所获得的公共服务水平差距,推进转移人口市民化。此外,需要充分考虑不同类型公共品供给对不同类型居民集聚促进作用的差异,针对城市的现有集聚状况,在城市更新行动中选择适当的公共品供给,引导城市形成合理集聚,为后续的城镇化进程打好基础。

(作者系北京大学经济学院博士后)

4 Part

社会保障：莫道严冬至，千里送乌薪

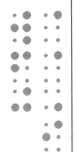

保险与社会保障：让"任性"变成"韧性"

郑 伟

我们生活在一个充满风险的"任性"社会，如何应对这些风险？有时我们可以选择风险规避，但更多时候我们需要直面它们，采取防损减损等方法进行风险控制，然而即便如此，我们也永远无法让风险消失殆尽，因此在很多情况下，我们还需要通过风险转移等手段进行风险融资。保险与社会保障作为典型的融资类的风险管理制度，如果安排得当，则很有可能让一个充满风险的"任性"社会变成具有较强风险复原力的"韧性"社会。

从十三届全国人大四次会议审议通过的《中华人民共和国国民经济和社会发展第十四个五年规划和2035年远景目标纲要》（以下简称"'十四五'规划"或"规划"），我们欣喜地看到，保险与社会保障越来越成为推进经济社会发展和国家治理现代化的支撑性制度安排，这些制度安排有助于构建"韧性"社会，对于全面建设社会主义现代化国家具有重要意义。

"十四五"规划的核心要义是"三新"——新发展阶段、新发展理念、新发展格局。在新发展阶段，保险与社会保障应当如何服务新发展理念和新发展格局，服务国家经济社会发展大局呢？

新发展格局是指以国内大循环为主体、国内国际双循环相互促进的发展格局。在新发展格局构建中，"十四五"规划对保险与社会保障提出了具体要求。在"国内市场"方面，规划要求健全与经济发展水平相适应的收入分配、社会保障和公共服务制度，完善促进国内大循环的政策体系，畅通国内大循环；要求加快补齐公共卫生、防灾减灾、民生保障等领域短板，拓展投资空间，加快培育完整内需体系。在"深化改革"方面,规划要求适当加强中央在养老保险等方面事权,减少并规范中央和地方共同事权,加快建立现代财政制度;要求深化保险公司改革,提高商业保险保障能力,深化金融供给侧结构性改革。

新发展格局的构建离不开新发展理念的支撑。新发展理念包括创新、协调、绿色、开放、共享五个方面,这五个方面针对的是我国发展过程中存在的五个问题:一是创新能力不适应高质量发展要求;二是农业基础不稳固,城乡区域发展差距较大;三是生态环保任重道远;四是对外开放水平有待提高;五是民生保障存在短板,社会治理还有弱项。这五个问题也是我们在"十四五"期间和未来一段时间内面临的主要风险,如果我们能够做好保险与社会保障的相关制度安排,实施有效的风险管理,那么我们就可以构建一个更具风险复原力的"韧性"社会。

在新发展理念涉及的每一个方面,"十四五"规划都对保险与社会保障提出了具体要求:其一,在"创新发展"方面,规划要求拓展优化首台(套)重大技术装备保险补偿和激励政策,鼓励发展科技保险等科技金融产品,提升企业技术创新能力;要求健全社会保障等制度,为海外科学家在华工作提供具有国际竞争力和吸引力的环境,激发人才创新活力。其二,在"协调发展"方面,规划要求发展农业保险,完善农村社会保障和救助制度,巩固提升脱贫攻坚成果,全面推进乡村振兴;要求确保社会保险缴纳年限和居住年限分数在超大特大城市积分落户政策中占主要比例,鼓励都市圈社保和落户积分互认,提升新型城镇化发展质量。其三,在"绿色发展"方面,规划要求在高风险领域推行环境污染强制责任保险,严密防控环境风险,持续改善环境质量。其四,在"开放发展"方面,规划要求稳妥推进保险等金融领域开放,加快推进制度型开放;要求完善"一带一路"风险防控和安全保障体系,有效防范化解各类风险。其五,在"共享发展"方面,规划要求围绕社会保险等领域,建立健全基本公共服务标准体系;要求统筹用好就业补助资金和失业保险基金,健全就业公共服务体系;要求加大公共财政支出用于民生保障力度,加大社会保障等调节力度和精准性,完善再分配机制;要求改革完善社会保险制度,健全多层次社会保障体系;

要求健全全民医保制度，全面推进健康中国建设；要求完善养老服务体系，实施积极应对人口老龄化国家战略。此外，在"安全发展"方面，规划要求在重点领域推进安全生产责任保险全覆盖，发展巨灾保险，全面提高公共安全保障能力。

由上可见，"十四五"规划对保险与社会保障提出了很高的要求，寄予了很大的期望。但与此同时，我们需要看到，不论保险还是社会保障，其供给与需求之间不平衡不适应的矛盾依然突出，高质量发展依然面临多重挑战，顺利完成"十四五"规划赋予的重要任务仍面临艰巨考验。

就保险业而言，其突出问题是风险保障功能仍较薄弱，具体而言，保险业在产品开发、风险定价、核保核赔、防灾防损、资产负债管理等方面的专业能力还不同程度地存在短板，这些短板制约了其在服务企业创新、乡村振兴、环境改善、"一带一路"和应对人口老龄化等方面的应有作用的发挥。加快补齐这些短板，提高保险保障能力，不仅是"十四五"时期深化保险业改革的重要任务，也是保险业服务现代化国家建设的必要前提。同时，这也对保险监管提出了更高的要求，要求保险监管体系和监管能力现代化建设取得更大进展。

就社会保障而言，其突出问题表现为，从中长期看，人口老龄化和经济增长放缓对社保基金可持续性带来严峻挑战；从结构看，社会保障发展的地区不平衡、制度不平衡和层次不平衡较为突出。展望"十四五"时期和未来一段时间，需要注重处理好几个关系：一是降低社保费率与社保基金可持续性的关系，二是社会保险全国统筹和央地博弈加剧的关系，三是城镇职工保险与城乡居民保险的关系，四是多层次社保体系不同层次之间的关系，五是社保改革与经济发展的关系。

一个国家越是现代化，就越具有让"任性"社会变成"韧性"社会的能力。保险与社会保障作为"韧性机制"的重要工具，作为现代化风险管理的重要制度安排，必将在我国的现代化国家建设中发挥更加积极的作用。

（作者系北京大学经济学院教授、博导）

关注医疗保险基金的潜在缺口和区域不平衡

蒋云赟

习近平总书记在2021年2月26日就完善覆盖全民的社会保障体系主持第二十八次集体学习时强调,要增强风险意识,研判未来我国人口老龄化、人均预期寿命提升、受教育年限增加、劳动力结构变化等发展趋势,提高工作预见性和主动性。迄今为止,政府和学术界对养老保险的缺口研究与讨论非常多,但对医疗保险基金长期的收支状况关注较少。

中国目前有两大基本医疗保障体系,即城镇职工医疗保险体系和城乡居民医疗保险体系。2019年城镇职工医疗保险体系覆盖3.29亿人口,支出占总医保基金支出的60.7%;城乡居民医疗保险体系覆盖10.25亿人口,支出占总医保基金支出的39.3%。我国城乡居民医保基金收入中75%以上来自财政补贴,城镇职工医保基金来自财政补贴的收入虽然不足1%,但越来越多城市的城镇职工医疗保险面临资金平衡压力。根据《中国社会保险发展年度报告2016》,城镇职工医疗保险当期收不抵支的统筹区达100个,约占所有统筹区的30%,累计收不抵支的统筹区达28个。2017年城镇职工医疗保险统筹基金收入中来自财政补贴的收入为78.15亿元。城镇职工医疗保险目前采用"以收定支"即总量控制方案,基本维持基金收支形式上的平衡,但是居民真实医疗保险需求部分被压抑。因此我们需要关注未来医疗保险体系可能出现的缺口。

由于人口老龄化、人均寿命延长、医疗费用增加等影响,医疗保险基金支出不断增加,并威胁到了财政的可持续性。根据美国国会预算办公室的预测,美国医疗引发的财政问题从规模上已经超过养老保险引发的财政压力。而中国亦将面临由于人口老龄化所带来的医疗保健领域财政支出快速上涨的压力,尽管我们通过国家医保谈判等方式能够控制部分药品和耗材价格的上涨,但仍无法抑制长期医疗支出的增长。

人口老龄化是影响医疗支出的重要因素。中国自2000年进入老龄化社会以来,人口老龄化的速度不断加快。65岁以上的老年人比重在2000—2010年从7.0%增加到8.9%,提升1.9个百分点,而2018年迅速攀升至11.9%,不到10年增加了3个百分点。期望寿命延长引起的中老年慢性病的高发和科技进步带来的更先进诊疗手段的采用可能将使得未来中国医疗费用的增长速度持续高于经济合作与发展组织(OECD)成员国。中国2019年卫生总费用占GDP的比重为6.6%,与全球6.3%的占比基本持平,但远低于发达国家的12.4%。20世纪90年代以来,中国卫生费用的增长速度远快于GDP的增长速度,如1995—2016年的20余年内,中国人均卫生支出增长率约为10.25%,远高于高收入国家的2.92%、中等收入国家的5.55%以及低收入国家的1.46%,而2007—2019年,中国城镇职工医疗保险人均基金支出的增长率为13.3%。

笔者对中国城镇职工医疗保险基金未来的收支进行了预测,其中缴费充足率、就诊率、住院率、次均就诊费用和次均住院费用是关键影响因素。即使在很保守的情形下,假设就诊率和住院率保持2019年的水平不变,而次均就诊费用和次均住院费用的收入弹性采用一些学者研究的中位数,就诊和住院的报销比例维持在2019年保持不变,那么到2050年,我国城镇职工医疗保险统筹账户一年的缺口将达到10 242.43亿元,占到统筹账户收入的41.44%。

我国医疗保险基金也存在较明显的区域不平衡现象。截至2019年年底,我国仅四个直辖市和西藏实现了真正的城镇职工医疗保险的省级统筹,海南和宁夏建立了省级的调剂金。2020年3月公布的《中共中央 国务院关于深化医疗保障制度改革的意见》提出全面做实市级统筹,鼓励有条件的省推进省级统筹。目前,全国大部分地区城镇职工医疗保险还是市级统筹,共有300多个统筹区。以四川为例，2020年成都市的单位缴费率为6.7%，绵阳市为6%，凉山州为6.5%；再以广东为例，2020年广州市的单位缴费率为5.5%，深圳市为5.2%，韶关市为5.5%。各个地方的缴费充足率也有差别，各省份间实际缴费率差距较大，例如广东、北京、浙江等拥有较多当期结余的发达省份，其实际缴费率几乎都处于较低水平；而青海、云南等结余较少的欠发达省份，其实际缴费率却处于较高水平。经济基础好的地区可以征收较高缴费率，政府补贴也更高，可以提供更高的报销比例。

因此，我们需要关注医疗基金可能出现的缺口，并提前准备应对策略。我们的国药采购政策也可以有效地控制住药价，短期内对控制医疗支出有帮助。从长期来看，由于老年人医疗费用相应较高，因此提高人口出生率是缓解医疗基金收支不平衡状况的途径之一。另外，根据笔者利用国家卫生服务调查数据和其他微观数据的估计，中国人群的患病率随着收入水平的上升会逐渐下降，但是当收入水平增加到一定程度后，患病率反而会随着收入水平的提高而增加。这说明目前在我国，对低收入人群来说，收入水平提高会带来生活质量的改善，从而改善健康状况和降低患病率；但是当收入增加到一定程度后，反映出来一定的过劳倾向，收入水平越高的人反而患病率越高。因此，提高低收入者的收入水平、缩小区域间医疗差距可能是改善我国全员健康状况和控制医疗费用增长的有效途径。

（作者系北京大学经济学院副教授）

全面推进健康中国建设,深化医药卫生体制改革

石 菊

健康是人类发展的必然要求,是经济社会发展的基础条件。实现国民健康长寿,是满足人民日益增长的美好生活的必经之路。党和国家历来高度重视人民健康,"健康中国"一直是我国的远景目标之一。《"健康中国2030"规划纲要》指出,推进健康中国建设,是全面建成小康社会、基本实现社会主义现代化的重要基础。中国共产党第十九届中央委员会第五次全体会议也提出,到2035年建成健康中国。李克强总理在2021年《政府工作报告》中指出,下一步要全面推进健康中国建设,构建强大的公共卫生体系,将我国人均预期寿命再提高一岁。

在此过程中,医药卫生体制改革是促进全民健康和构建高效公共卫生体系的重要措施。2009年新医改以来,我国医疗卫生体制改革发展取得了显著成效。2021年发布的《全国第六次卫生服务统计调查报告》显示,居民在县域内医疗机构就诊的比例达87.1%,居民卫生服务可及性提高;基本医保覆盖率达96.8%,医疗费用增长速度趋缓;患者就医体验改善,重点人群的健康管理更加完善。在新冠肺炎疫情的冲击下,我国有效遏制了本土疫情,树立了世界防疫的典范,这离不开医药卫生体制改革在其中发挥的作用。

但是,我国医疗卫生体制改革的推进过程中仍然面临着很多挑战。人口老龄化是我国目前面临的最突出的发展现实之一。我国老年人口比例逐渐步入亚洲乃至世界前列,截至2019年年末,我国60周岁及以上人口高达2.54亿,占总人口的18%。同时,随着慢性病患者基数不断扩大,我国面临着严峻

的慢性病防控形势。《中国居民营养与慢性病状况报告(2020年)》显示,我国18岁及以上居民高血压患病率为27.5%,糖尿病患病率为11.9%,与2015年的发布结果相比均有所上升。人口老龄化与慢性病患者增加带来的挑战对我国医疗体系建设提出了较高要求。

我国卫生体制改革本身也存在一些问题。例如,虽然分级诊疗制度建设已开展多年,但成效并不显著。二、三级医院仍然存在"虹吸"现象——即患者集中到二、三级医院就诊,而不愿意在基层医疗机构看病——导致医疗资源浪费和不足并存。再比如,医疗机构存在过度医疗问题,这不仅造成医疗资源浪费,也使得医患关系趋于紧张。医疗费用不合理增长也给财政支出带来巨大压力。2009—2019年,我国居民人均医疗花费年均增长13.6%,高于人均国民生产总值的年均增长率。

积极应对挑战,切实解决问题,下一步改革可以从以下三个方面推进:

第一,推进医保支付方式改革。医保支付方式的制定直接影响医疗花费水平,改革医保支付方式是提高医疗体系运行效率的重要方式。近年来,国家一直致力于医保支付方式改革,探索多元支付方式,例如人头预付制、病种分值付费,以及按疾病诊断相关分组付费。改革目标是推行以按病种付费为主的多元复合式医保支付方式。在制定合理化、精细化的医保支付方式的基础上,还应建立信息化、规范化的管理系统,稳步推进试点工作,进一步深化改革。

第二,推进医联体建设,落实分级诊疗。为了改善基层医疗服务长期薄弱的现状、提升基层医疗机构服务能力,应全面铺开医联体建设。医联体是指由区域内的三级医院与二级医院、社区医院、乡镇卫生院、村卫生室等组成的医疗联合体。医联体能够设计正确的激励机制,将患者合理分流到适合的医疗机构。同时,通过内部信息互通、检查结果互认等方式整合医疗资源,让患者"少付费、少跑路"。当前"互联网+医疗健康"的深入推进使得"互联网+医联体"的结合成为可能,患者向上级医院专家问诊的便利程度大大提升。推进医联体建设,是完善分级诊疗制度的重要举措。

第三，结合家庭医生制度，推动慢病管理。2019年我国因慢性病导致的死亡占总死亡的88.5%，其中心脑血管病、癌症、慢性呼吸系统疾病死亡比例为80.7%，我国慢性病防控任务仍然艰巨。在推进家庭医生签约服务制度的过程中，国家已提出要优先将慢性病患者纳入家庭医生签约服务范围。家庭医生能够为慢性疾病患者开具长期处方，并提供综合性、连续性的服务，这对于慢性病的治疗以及慢性病医疗费用的控制大有裨益。同时，由于慢性疾病与不良生活方式密切相关，家庭医生也能够对患者进行日常健康管理，促使慢性病早预防、早发现、早干预。

医疗卫生体制改革是推进健康中国建设的重要举措。但是，除此以外，还应从其他方面促进全民健康：推行健康生活方式，提高心理健康素养，塑造自主自律的健康行为；个人减少抽烟、喝酒等不利于健康的行为，科学合理地锻炼身体；社区做好科普教育，例如开展控烟限酒宣传、加强健身公共设施建设等；国家继续加强空气污染防治等管控措施，为国民提供健康的生活环境。总之，要从多个角度提升国民健康水平，促进经济发展。

（作者系北京大学经济学院副教授、博导）

保障＋服务：新时代保险业的重任

锁凌燕

2021年是"十四五"规划的开局之年，初春举行的两会，对今后5年及15年的国民经济和社会发展进行了谋划与讨论。2021年《政府工作报告》全文共有14处提及"保险"，其中11次是在"2021年重点工作"部分，提及包含"保险"二字的"主战场"包括：服务就业优先政策——继续降低失业和工伤保险费率，扩大失业保险返还等阶段性稳岗政策惠及范围，加快推进职业伤害保障试点，继续对灵活就业人员给予社保补贴，推动放开在就业地参加社会保险的户籍限制等，"放水养鱼"，稳定现有岗位，支持新就业形态；投身重点领域改革——深化保险业改革，提升保险保障和服务功能，更大激发市场主体活力；落实乡村振兴战略——扩大完全成本和收入保险试点范围，提高农业风险保障能力，完善新型农业支持保护政策体系；更好参与国际经济合作——推进高水平对外开放，扩大出口信用保险覆盖面、优化承保和理赔条件，进一步明确了出口信用保险在推动进出口稳定发展、稳外贸方面的重要地位；切实增进民生福祉——推进养老保险全国统筹，规范发展第三支柱养老保险，完善全国统一的社会保险公共服务平台，健全退役军人工作体系和保障制度，继续实施失业保险保障扩围政策，促进医养康养相结合，稳步推进长期护理保险制度试点，切实增进，不断提高社会建设水平，加强民生基本保障……

细读《政府工作报告》，我们可以读出新的发展阶段对保险业的期待和要求：一方面，保险业需要一如既往地拓展强化保障功能，发挥其核心制度优势，帮助企业和群众转移经营与生活中的风险，增强安全感，在稳定社会预期、激发创造创业动力、促进生产消费、参与国际合作、增进民生福祉等各个方面发挥积极作用；另一方面，《政府工作报告》首次提出保险业要"提升服务功能"，这是对保险业的更高要求。进入新发展阶段，作为重要的现代服务业，保险业要更注重从服务社会经济发展全局的目的出发，通过服务功能的升级换代与服务模式的创新，适应现代社会经济发展的新变化、新需求，为社会提供高增值的现代服务、高水平的消费体验，从而实现行业功能进一步升级。

那么，如何理解保险服务的内涵？可能至少包括这样几类：

一是保单服务。保险业发挥保障功能的基础，就是要构建风险池，完成风险交易的撮合，并以此为基础提供风险分担的机制，继而衍生出精算、承保、理赔、保单保全等各项服务。从目前来看，保险业还不同程度地存在销售成本高、风险撮合服务效率低、销售服务不规范、理赔服务不及时等问题，消费者满意度仍然有待提升。

二是风险控制服务。保险作为风险管理的重要手段，其作用不仅仅是提供经济上的补偿和保障，还包括借助其合同设计和专业能力，激励并帮助客户降低风险、规避损失，基于对风险发生及传导机理的理解，对风险链条的关键环节进行积极干预。例如，出口信用保险机构为承保企业提供地区风险预警服务，农业保险机构为农户提供气象服务、自然灾害及异常气候的防范指导，等等，都有助于风险"减量"，形成行业、消费者、社会多方共赢的局面。

三是财务管理服务。保险业因其收取保费构建资金池以分散风险的机制安排，天然带有金融属性，保险产品也是消费者进行财务管理的重要工具。个人可以通过保险安排，改善风险承受能力，优化储蓄投资结构，更好地降低财务脆弱性，实现财富保值、增值、传承等各种理财目标；企业也可以通过保险安排，进行税收筹划，降低损失发生时的再融资成本，提升企业价值。这就对保险业适应企业和个人的个性化需求、提供高质量创新产品的能力提出了高要求。

四是保障关联服务。保险只能提供经济上的补偿，消费者遭受损失后，还需要相关服务来修复或者替换受损标的、改善健康状况、便利生活，所以，保险业延伸触角,延长价值链,与各相关产业乃至消费者生活之间的互动就是题中应有之义。

综合来看,面向"十四五"和今后更长一个时期,保险业要保持持久旺盛的生命力,服务新形势下的社会经济发展,越来越需要抛弃传统的经营模式,以敏锐的眼光、创新的思路,推动"保障+服务"能力的提升,打造行业核心竞争力的新优势。行业不能只关注风险事故发生后的理赔,而且要关注行业经营所依赖的核心——风险标的,关心消费者生命的长度和质量,关心消费者所珍视的财产的安全和保全,关心生产经营活动的顺畅和效率。

为了实现这种转变,保险业需要进一步提升在经济社会中的渗透程度,推动"两合"发展成为保险业的"新常态":"技术融合"——伴随大数据等新技术的发展和迭代,保险业不仅可以借助技术升级原有业务流程,实现精准定价、精准营销、核保理赔数字化等保单服务,而且有条件实现数字化转型,以保单为"媒介"提供全面的风险控制服务。例如,为客户提供健康指标连续监测服务,指导客户采取适当的保健措施和干预措施;借助可穿戴设备收集客户行为、位置信息等,借助风险定价机制激励客户的健康行为、安全驾驶行为等。"服务整合"——要满足消费者多元化多层次的需求,势必不能只是提供服务的简单"加法",而是要做"乘法",要根据"人本位""客户中心"的价值取向,以服务对象为核心配置资源,在各种服务之间形成有效互动、相互衔接、提升效能,以更有效地提供服务组合。保险业作为风险管理枢纽,具有协调不同服务的机制优势,也应该发挥好这种优势。

(作者系北京大学经济学院副院长、教授)

Part 5

金融优化:称提明义理,平准权轻重

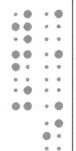

建立现代金融体系对金融学研究的启示

李连发

"十四五"是"两个一百年"奋斗目标的历史交汇时期。"十四五"期间,金融领域的任务是,在习近平新时代中国特色社会主义思想的指导下,通过建设现代金融体系,为经济高质量发展、全面建设社会主义现代化国家提供重要的金融支撑。"十四五"期间,高校中的青年学生将是第二个一百年第一阶段(2021—2035)基本实现社会主义现代化这一任务的承担者。

金融研究应继续结合金融教育,尤其是金融基本知识的教育。2021年3月11日,李克强总理在答记者问题时说:"我想对青年学生们说几句话,不管你们将来从事什么职业、有什么样的志向,一定要注意加强基础知识学习,打牢基本功和培育创新能力是并行不悖的。树高千尺,营养还在根部。把基础打牢了,将来就可以触类旁通,行行都可以写出精彩。"教师在前沿的研究和在国内外一流期刊发表的文章,其中最基本的理念、思考方法,需要结合现实的金融实践,用浅显易懂的方法,优先转换为当下课堂上能够被学生所吸收的营养。重视论文发表数量和质量固然是必要的,将科研成果转化为课堂上的教学成果,用于青年学生的培养和未来人才的造就,同样不容忽视。

金融研究要为全面建设社会主义现代化国家、全面深化改革、保持道路自信和理论自信服务。我们为何要这样开展金融工作?要如何建设这样的现代中央银行制度?西方人没有义务来理解我们的中央银行制度、货币政策、宏观审慎政策、金融体系和金融开放政策,金融研究的任务是通过学术语言,让其他经济体理解我们的金融发展理念。

金融研究要帮助培养青年学生有参与国际金融治理的知识素养和能力。第二次世界大战之后的布雷顿森林体系以金本位作为支撑体系的基石之一。1973年美元与黄金脱钩，随后国际货币体系进入了实行浮动汇率制度的牙买加体系。对这一段国际金融和国际经济变化历史的研究是展望未来的基础。未来15年，国际金融和国际经济秩序如何构建？人民币在国际货币体系中将发挥怎样的作用？这些都是放在金融研究者面前的重大课题。

未来的金融治理体系尤其需要防范自身的认知盲区，不能被学科领域之间的人为界限与利益约束所限制和羁绊，不能被表面的"冰山一角"所误导，从而忽视当前无法观察到的、隐性存在的风险。为此，需要在不同学科领域的研究之间开展空前的相互渗透，构建一体化的宏观金融、风险防范的战略研究力量，进行相应的能力建设。

气候变化成为导致经济和金融体系结构性变化的重大因素之一。未来，类似的具有"长期性、结构性、全局性"的政治、地理、生物、医学、物理等领域的重大变化，可能引发的抵押品价值缩水和信贷条件收紧，最终可能演变为系统性风险和宏观金融风险，因此，需要我们超前布置研究力量，避免我们的研究滞后于全球其他经济体。

面对未来，系统性风险和宏观金融治理体系的一体化程度和能力建设需要加强。从宏观和经济整体治理的高度看，面对数字经济生态和人工智能时代的到来，应超前布局一体化战略研究体系和能力建设，在宏观金融体系方面形成未来的新优势、新格局和新理念，比如，在宏观金融治理体系实践中运用机器学习技术等。

2020年，美国脸书（Facebook）计划推出"天秤币"（Libra），这一全球稳定币计划以主要经济体的法定货币（如美元、欧元、日元）作为储备资产，按与储备资产价值的比例确定稳定币的发行数量。与比特币相比，"天秤币"被预期具有更稳定的币值和更广泛的支付场景。国际货币基金组织等国际组织和美联储均肯定了"天秤币"带来的便利，认为该稳定币将使包括跨境支付在内的境内外支付变得既快捷又成本低廉。但是，稳定币也很有可能给各国的宏观金融治理带来不小的挑战。这些挑战包括:稳定币支付信息独立于现有的中央银行支付体系之外,中央银行无法有效进行监管;稳定币支付系统点对点,不需要银行提供结算转账或 SWIFT 系统的中介服务;对于稳定币的跨境支付,单个中央银行和监管当局难以进行全面的监管;稳定币用户的资金安全可能缺乏保障,诈骗、盗窃和造假的难度可能下降,金融体系的脆弱性会由此上升。2014 年,中国人民银行开始启动数字货币研究和法定数字货币(DC/EP)研发,相关工作得到国际货币基金组织、国际清算银行和很多区域性国际组织的高度评价。但未来依然存在一些重大课题需要研究。比如,现有法定货币体系如何适应未来数字经济生态?如何积极参与数字化货币的全球变革,更为主动地应对稳定币带来的深刻挑战?

霍默和西勒在《利率史》(*A History of Interest Rates*)中记录了 4 000 年来特定地区利率的变化历史。有了长周期的数据支持,关于利率的长期趋势,学者已经认可一种观点:人类社会的利率长期趋势是走低的。国际金融危机以来,主要经济体均衡实际利率明显下降(甚至为负),出现通货膨胀和产出低迷。量化宽松(QE)和前瞻性指引等非常规政策实施效果不理想。尽管如此,国际清算银行还是肯定地认为,非常规货币政策提供了政策空间和政策灵活性。在主要经济体负利率环境下,这些国家的银行没有将流动性转换为信贷,而是存回中央银行。从实施的地理范围来看,负利率政策在欧元区、日本和匈牙利都已经实施。除了瑞士和日本,已经实施负利率的经济体都出现了货币贬值,这与跨境资本流动方向由流入这些经济体改为流出有关。危机后,投资者对安全资产的偏好上升,银行为此必须持有大量安全资产。在实施负利率的经济体中,负利率政策导致未来短期利率预期走低,期限利差缩小,收益率曲线下移且扁平化。负利率政策弱化了通过存款流向贷款的传统渠道,欧洲银行当中,存款占比高的银行,其贷款增速反而较低。从长期看,负利率政策会损害中央银行的声誉和公信力。在低利率已经成为全球金融常态这一环境下,我国的货币政策调控空间变得尤为可贵。全球低利率常态对我国而言,风险在于可能带来资产泡沫风险。虽然面对外部经济体低利率环境,我国货币政策的实施空间和灵活性很大，没有必要考虑实施非常规货币政策，但是如果不推进改革，企业融资成本依然可能居高不下，金融依然可能缺乏对实体经济的支持。

亚里士多德2300年前提出的观点后来被熊彼特认为没有价值，熊彼特在这个判断上是否可能是错误的？是有可能的。用亚里士多德的观点来表述一种金融发展理念，那就是，金融发展要有利于社会的稳定。

（作者系北京大学经济学院教授、博导）

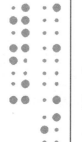

保持流动性合理适度，定向引流实现精准滴灌
——2021年中国货币政策展望

宋芳秀

李克强总理在2021年《政府工作报告》中确立了2021年中国货币政策的总基调："稳健的货币政策要灵活精准、合理适度。"与2020年《政府工作报告》中的"灵活适度"相比，2021年的货币政策表述更加强调"精准"，这和2020年7月的中共中央政治局会议、2020年12月的中央经济工作会议以及2020年第四季度货币政策执行报告的表述一脉相承。"精准"一词的使用意味着未来的货币政策将在关注总量的基础上更加重视结构，总量合理适度、结构更趋优化将成为未来货币政策的施策目标。

一、当前我国货币政策的主要特点

近年来中国货币政策表现可圈可点。2020年，中国成为全球唯一实现正增长的主要经济体，这份成绩单的背后，货币政策功不可没。环顾全球，近年来不少国家在常规货币政策工具的选用方面捉襟见肘，有的国家甚至陷入负利率的泥沼。中国则是新冠肺炎疫情发生后实施正常货币政策的为数不多的国家之一，货币政策不仅保持了连续性和稳定性，而且政策空间充足、政策工具丰富，为从疫情防控阶段向常态化阶段的政策转向奠定了坚实的基础。

（一）货币政策空间充足

中国是新冠肺炎疫情发生以来少数保持常态化货币政策的国家，主要市场利率和政策利率均为正值，贷款市场利率明显高于通货膨胀率；2020年4月以来，中国一年期和五年期的贷款市场报价利率（LPR）分别保持在3.85%

和4.65%的水平;金融机构平均法定存款准备金率则稳定在9.4%的水平;货币市场利率中的主要指标7天期回购利率(DR007)和3个月上海银行间同业拆放利率(Shibor 3M)均为正值,利率水平相对稳定,市场的流动性不缺不溢。这说明中国的常规货币政策还存在较大的腾挪空间。

(二)货币政策工具丰富

2013年以来,中国人民银行推出了一系列结构性货币政策工具。这些新的工具和传统货币政策工具一起,构成了品种丰富的货币政策工具箱。流动性借贷便利(SLO)、公开市场操作(OMO)、常备借贷便利(SLF)、中期借贷便利(MLF)、定向中期借贷便利(TMLF)和抵押补充贷款(PSL)等工具的期限由短到长,紧密衔接,可以引导不同期限的市场利率水平,调节不同期限资金的宽裕程度。SLF、MLF、TMLF、PSL、央行票据互换(CBS)发挥了定向精准滴灌的作用,分别将资金引流至科技创新、小微企业、绿色发展、"三农"、棚户区改造和商业银行永续债等领域。2020年6月,中国人民银行又推出两项直达实体经济的货币政策工具——普惠小微企业贷款延期支持工具和普惠小微企业信用贷款支持计划,有效地缓解了中小微企业融资困境,稳定了经济增长。中国人民银行可以从工具箱中灵活选择和搭配货币政策工具,打出不同套路的组合拳,从而做到不同类型和不同期限的货币政策结合、价格调节和数量调节结合、总量调节和结构调节结合,以实现既定的货币政策目标。

(三)货币政策成效显著

从市场流动性的情况来看,2020年中国的广义货币M2同比增长10.1%;货币市场利率即使出现短暂波动,也会很快重新向央行政策利率回归;DR007保持在7天期央行逆回购利率附近,说明中国人民银行的流动性操作合理适度,市场流动性合理充裕。从企业整体融资情况来看,2020年年底社会融资规模存量同比增长13.3%;企业综合融资成本明显下降,贷款加权平均利率为4.61%,较上年同期下降0.51个百分点,创有统计以来新低;金融系统向实体经济让利共计1.5万亿元。从精准投放重点领域——小微企业的融资情况来看,2020年普惠小微贷款余额15.1万亿元,同比增长30.3%;

普惠小微贷款增加 3.5 万亿元,同比增加 1.4 万亿元;支持小微经营主体 3 228 万户,同比增长 19.4%,说明货币政策精准滴灌成效显著,小微企业融资实现了量增、面扩、价降,我国信贷结构持续优化。

二、2021 年货币政策实施的重点

综合研判,2021 年中国货币政策将保持稳健中性的主基调,并逐渐向常态回归。货币政策的着力点可以用三个关键词来概括:控制总量、定向引流和深化改革。控制总量是指保持货币供应量和社会融资规模与名义经济增速匹配,即保持货币政策的"合理适度",这一目标的达成主要依靠总量政策。定向引流是指让小微、高新技术等企业融资更为便利、融资成本稳中有降,即实现货币政策的"灵活精准",这一目标的达成主要依靠结构性政策。深化改革是指进一步畅通货币政策传导机制,提升总量政策和结构性政策的实施效果。

(一)控制总量,确保总量合理适度

在总量方面,中国人民银行需要综合运用各种货币政策工具控闸控流,把握好货币政策的力度和节奏,保持流动性合理适度,既要避免流动性不足影响实体经济和金融运行,又要防止流动性泛滥带来通货膨胀和金融风险。

2021 年货币政策仍将继续完成向常态化阶段慢转弯的重要任务。2020 年 11 月我国社会融资增速见顶标志着信用扩张周期进入后半程,预计 2021 年社会融资规模、M2 等数量指标的增速将逐步回落,价格指标利率将基本保持稳定,货币政策相对 2020 年将处于总体紧平衡,重点信贷领域则会持续较为宽松。

2021 年货币政策的重点和难点是处理好恢复经济与防范风险的关系。我们不仅仍需面对原来的影子银行、地方政府债务等存量金融风险,还需面对信用扩张周期结束后债务违约率和不良贷款率上升带来的增量金融风险。总量货币政策需要将稳杠杆和降风险放在更加重要的位置,为经济复苏营造安全稳健的政策环境。

（二）定向引流，确保资金精准滴灌

2013年以来结构性货币政策工具屡有创新并被频繁使用，成为中国人民银行应对多重挑战的重要调控手段。2021年定向降准、定向再贷款、新型结构性货币政策工具将在定向引流方面扮演更为重要的角色，成为中国人民银行向科技创新、绿色发展和小微企业领域精准滴灌的主要手段。

结构性货币政策的特点是通过建立对金融机构的正向激励机制直接影响金融机构的资产负债表，促进信贷资源流向更有活力的重点领域和薄弱环节，不仅能够促进信贷结构的优化，也有助于实现更好的总量调控效果。但是，从美联储、欧洲央行、英格兰银行等主要中央银行实施结构性货币政策的经验来看，结构性货币政策并不是完美无缺的，此类政策的实施可能会削弱中央银行的独立性。结构性货币政策实施过程中广泛存在的信息不对称还会引发金融机构和企业的道德风险行为，从而导致资源配置的失衡和低效。如商业银行有可能将小微企业的存量贷款变成增量贷款，以获得普惠小微企业信用贷款支持计划的支持；小微企业获得贷款后，可能采用变通的方式将资金转借或投资于金融市场、房地产市场，使意图精准滴灌的政策出现"跑冒滴漏"。

为避免结构性货币政策实施过程中的道德风险行为，建议中国人民银行在事前进行更加完善的制度设计，充分考虑道德风险，确保政策的激励相容；同时应加强贷后的管理与评估，一是加强对贷款流向的监测，防止资金跑偏或漏出，确保信贷资金在意向领域为实体经济的运营服务；二是加强对结构性货币政策实施效果的评估，为将来更为精准地施策提供决策依据。

（三）深化改革，疏通政策传导机制

货币政策的效果往往会因堵塞的政策传导机制而事倍功半。结构性货币政策虽然能在一定程度上起到理顺货币政策传导机制的作用，但是从中长期来看，信贷资源投向的优化和经济结构的转型升级，还有赖于经济和金融领域改革的进一步深化。

商业银行的风险控制机制决定了高新技术、中小企业和"三农"等领域不可能得到大规模的资金投放，结构性货币政策的激励作用可以治标但难以治本,对信贷结构的优化作用功在当前却难以持久。要从根本上解决小微金融等领域资金供求失衡的问题,应在完善政策环境和激励约束机制的基础上,致力于培育商业银行的风险定价和风险管理能力,加快中小微企业的信用体系建设,并加快建设和完善多层次的资本市场。

2019年中国人民银行推进的贷款市场报价利率(LPR)形成机制改革标志着我国利率市场化改革进入了最后的攻坚阶段,"中期借贷便利利率→LPR→贷款利率"的传导机制试图使利率从双轨合为一轨,利率政策的传导渠道将逐渐通畅,但利率的并轨仍在半途,政策传导机制仍需进一步疏通,进一步扩大MLF的覆盖范围及推进MLF利率的市场化、提高商业银行的定价能力将是今后的工作重点。

(作者系北京大学经济学院党委副书记、副教授)

防范金融开放进程中的系统性风险

赵留彦

李克强总理在2021年的《政府工作报告》中多次强调了防范金融风险,"完善金融风险处置工作机制,压实各方责任,坚决守住不发生系统性风险的底线"。近年来,我国在金融领域的改革和开放方面出台了多项举措,开放的领域明显扩大,力度明显增强。金融开放过程本质上是引入外部竞争,良性竞争会改善金融机构的运营,提升资源配置效率,促进经济增长。不过,金融开放也使我们面临更为复杂的金融环境,给我国的金融风险防控带来前所未有的挑战。

金融开放主要包括两方面:金融市场开放和资本项目开放。前者是指允许外资机构在本国从事银行、证券和保险等金融业务,以及允许本国金融机构在其他国家从事这些业务。后者是指允许资本跨境自由流动,允许本外币之间的自由兑换。金融开放背景下,国际金融市场的波动和发达国家的宏观经济政策变化都会直接冲击我国的金融市场。20世纪80年代金融自由化浪潮以来,伴随着金融开放,不少发展中国家和地区发生了金融危机,例如90年代的拉美金融危机和亚洲金融危机。有学者研究了24个发生金融危机的经济体,其中有13个在危机发生前5年内扩大了金融开放。由此可见,金融开放过程中的系统性金融风险不容忽视。

一、风险体现

(一)放大金融机构经营风险

封闭条件下,由于缺乏竞争,金融机构效率往往较低。开放条件下,市场准入限制被降低后,国外一流金融机构强有力的竞争将抢夺国内金融机构的优质客户和业务。在竞争压力下,国内金融机构的利差降低,利润下降,风险抵御能力也很可能会下降。

(二)加剧金融体制的脆弱性

金融市场开放后,金融机构的资本来源和运用、资金清算和信用评估都成为全球性活动,产生连锁性风险事件的概率加大。资本项目开放后,投资者对利率、汇率等市场变量的灵敏性大大提高,国际资本流动会带来外在国际金融危机的传染,为金融风险爆发起到推波助澜的作用。

(三)削弱国内货币政策的独立性

根据国际金融学中著名的"不可能三角",资本跨境自由流动条件下,固定汇率和独立货币政策不能兼得。维护汇率相对稳定便意味着通过调节货币工具来稳定金融市场的政策空间将大为受限,维护金融稳定的难度增加。不仅如此,资本自由流动条件下,货币政策稳定物价和宏观经济的能力也将受到严重削弱:投机性资本涌入会造成宏观经济过热和通货膨胀,产生资产泡沫;反之,资本大量外流则导致本币迅速贬值,资产价格下跌,甚至造成金融危机和经济衰退。

(四)带来金融监管方面的全新挑战

金融开放条件下,金融机构的多样性和金融交易的国际性提高了监管者获取信息的成本。例如获取境外投资人信息时,监管机构将面临外国银行保密法、监管主权等障碍,难以获取金融机构的信息以及进行现场监管。金融开放还会导致大量监管空白。此时金融产品(例如衍生品和结构化产品)变得异常复杂,监管范围往往落后于新型金融业务的发展。各国的金融监管规则和执行力度不一,不仅给跨国金融机构管理造成不便,也给国际资本留下了套利空间。

二、风险防范

(一)防范风险关键在于提高中资金融机构的竞争力

与外资金融机构相比,中资金融机构的投资能力、风控能力以及综合管理能力都有明显欠缺。长期在封闭市场和利率管制之下的中资机构跟久经风雨的国际金融机构同台竞争,挑战可想而知。即便仅着眼于国内市场,中资金融机构也存在不少问题:一是承担着很多政策性职能,例如开展普惠金融、支持重大项目和补短板项目、支持中小企业融资;二是公司治理问题,不少机构"三会一层"职能不清,员工利益不能和机构发展绑定,开展业务往往不是以创造价值为目标的。提高中资金融机构的竞争力、建设规范透明的市场体系,是涉外金融风险的第一道防线。扩大开放本质上要与深化改革同步推进。对内改革的进展决定了对外开放能够走多远。如果对外开放与对内改革的步伐不相适应,那么金融开放极可能会引发潜在风险,这是许多新兴市场和发展中国家金融危机的重要教训。

（二）深化利率和汇率的市场化改革,提高宏观调控能力

开放跨境资本流动情形下,利率工具是调节跨境资本流动的重要价格手段,货币政策与汇率政策的透明度和可信度对于引导预期、调节国际收支和宏观经济具有重要作用。同时还应加强跨境资本流动管理。在资本流动监测的基础上研究突发危机事件的应对预案,尤其要防范跨市场的危机传染。金融开放不能一放了之,离不开运用市场化的手段管理跨境资本流动。

（三）建设与金融开放相匹配的监管能力

从监管方面看,应确保监管能力和对外开放水平相适应,加强金融风险的监测、评估和预警。第一是加强对金融体系和金融机构的信息搜集及统计分析,密切关注市场流动性状况、信用风险事件等,提高风险评估的科学性。第二是建立不同监管部门之间、金融部门与实体部门之间的风险联防机制,重点关注非金融部门的偿债能力及金融体系的风险抵御能力、流动性状况等预警指标。第三是健全国际资本流动管理体系。当前主要大国货币政策分化,热钱流动规模庞大,应逐步减少对传统管理手段的依赖,更多运用汇率、利率、税率等价格工具调节跨境资本流动。

（四）不可忽视金融开放中的技术风险

目前国内金融机构在积极推进信息化建设,但信息技术系统总体还比较

薄弱。很多中小型金融机构在软件方面投资不大，而大型金融机构往往自己成立科技公司搞自主研发，缺乏技术整合，这使得中国的软件服务产业落后于海外，大量软件不得不依赖国外商家，甚至大型金融机构的数据也存储在国外。如果中资机构的软件技术无法与外商竞争，潜在的技术风险将永远难以消除。正如习近平总书记所指出的，防范金融风险需要加快金融市场基础设施建设，稳步推进金融业关键信息基础设施国产化。

(作者系北京大学经济学院院长助理、长聘副教授、博导)

金融监管者的关键绩效指标（KPI）

朱南军

2021年的《政府工作报告》特别强调金融政策要把服务实体经济放到更加突出的位置，处理好恢复经济与防范风险的关系，并完善金融业者的考核、评价和尽职免责制度。这为今后的金融工作指明了方向并划出了重点。这里笔者也提出一个问题：如何评价与考核金融监管者？实践领域 KPI（Key Performance Indicators，关键绩效指标）是企业管理考核的内容。如果金融监管者自身也有KPI，这个KPI应该是什么？是上市金融企业利润或市值最高？是确保市场中没有一家金融机构破产？还是金融机构业务层面的消费者投诉与诉讼比例最低？

金融监管有自己的价值取向和施政目标。以前一般认为我国金融监管的目标是维护金融体系的安全和稳定、保证金融机构审慎经营和保护金融消费者的利益。基于以上目标，不难看出以前我国金融监管中的重点：金融体系安全与消费者利益保护。如果据此建立我国金融监管者的 KPI，其指标体系应该着重反映以上两方面内容，但仅限于此又是不完备的，就当前中国经济环境而言，其不完备性主要体现在以下两个方面：

一是缺乏评价金融服务于实体经济效率效果的 KPI。目前维护金融体系的安全和稳定基本上限于金融体系内部，考核金融企业财务与经营安全性的指标系统而庞杂，至于金融监管是否提升了金融服务于实体经济的效率与效果，这样的评价标准是缺乏的。例如，长期以来我国中小企业尤其是中小民营企业存在融资难问题。这个问题在市场经济体制成熟的国家本来是一个风险定价的问题,各种风险程度的中小企业在其承担的风险水平上选取适当的融资工具与利率水平,对银行或者其他金融机构而言则是一个信用风险识别、评估与管理的问题。然而在我国,过于强调微观金融审慎而导致中小民营企业获取银行贷款难。国有或国有控股企业有国家信用背书,银行业者不存在道德和法律风险的顾虑而更愿意对其发放贷款。甚至出现少数国有或国有控股企业从银行"批发"贷款并向社会转贷的现象,市场中出现了因为所有制差异而带来贷款权寻租的现象,滋生出一批资金掮客与新食利阶层。对于这些现象,我们出台的政策不少,收效却不理想。因为在微观审慎经营监管下,银行自有其对应的风险偏好与选择。评价金融服务于实体经济效率效果的KPI,也许会改变银行的风险偏好与选择的基础。

二是缺乏反映消费者利益保护内涵的KPI。消费者保护是我国金融监管的重中之重,我国的存款保险制度、投资者风险测评制度均着眼于此,甚至信托刚性兑付难以打破也与此有关。然而,履行金融产品的货币性兑付义务就实现了消费者利益保护吗?数十年来,几乎所有的金融产品(存款、投资储蓄型保险、股票指数、基金、债券、信托),如果对其长期持有,其收益率基本上跑输了名义GDP,也跑输了居民个人收入与房价的增长。回到30年前,如果居民可以自由进行资产配置,就大类资产而言,没有任何金融资产的投资能够为居民养老提供保证。金融监管者过于关注货币兑付意义上的形式安全,但是未充分准确考虑实质意义上的养老安全。其他类似问题还很多,不赘述。

那么什么在影响金融监管KPI的设计呢?那就是极端微观审慎主义。极端微观审慎主义主要体现在两个方面:一是极端追求微观金融机构主体的绝对安全,二是过度介入个体消费者权益保护。

维护金融体系的安全和稳定自然是设计金融监管KPI的重要原则。但需注意的是,维护金融体系的安全和稳定并非确保所有金融机构不会破产退出,金融监管始终着眼于系统性风险。个别金融机构基于竞争力原因退出市场,既是市场机制作用的体现,也提升了金融市场的整体效率。然而,媒体与后世记录者经常采用事件描述方法,善用春秋笔法,以点带面地拿破产事件来评价金融监管工作,往往给监管者带来很大压力。确保每一家金融机构不破产成为监管者心中挥之不去的KPI,导致了微观审慎监管的极端化。值得欣慰的是,这一现象已经在最近的金融机构(如包商银行)风险处置案中有所改变。极端微观审慎主义是完美主义者的理念,在现实经济中,任何完美都是要付出成本与代价的,金融监管需要在不完美的世界中,对成本与效率进行平衡与取舍。确保每一家金融机构不破产不应成为金融监管者KPI设计中的必需内容。

同时,对个体消费者权益损害的过度介入也应该从金融监管者的KPI里移除。消费者权益保护应该是金融监管者的KPI的组成部分,但应该限于宏观政策制定与金融机构行为规制层面,而不宜直接介入个体案件。如果金融监管着眼于微观个体权益的全力保护,貌似政治正确且道德高尚,但必将导致一套深入基层且系统庞杂的监管机构;或者因力量不够,不得不借力地方金融行业协会,让地方金融行业协会成为事实上的"二监管"与调解人。这都提升了金融市场运行中巨大的隐性成本,最终仍由金融消费者买单。同时金融监管对于被监管机构既是引领行业的爹娘,又是裁判,角色不清,难以保证其介入行为的公平性。从微观层面而言,个体消费者权益受损更多应该寻求司法救济,当金融消费者权益受到损害且协商不成时,应该主要诉诸司法机关来保护自身权益。

最后,但凡KPI都是由人制定的,金融监管的KPI内容究竟是什么,需要社会各界的充分讨论,这种讨论本身就是社会各方博弈、实现利益均衡的过程,也有助于社会各界对此问题达成最大共识,设计出能够让金融监管者轻装上阵的KPI。同时,金融监管是对金融行业的监管,但绝不是只由金融专业人士来监管。金融监管机构中应该有实体经济部门人士和消费者参与。例如国家货币政策制定机构具体譬如货币政策委员会可否让更多的实体产业界人士以及消费者权益保护人士参加,而不是仅仅由政府部门、重要金融业者以及金融学术专家组成?这样做也是让未来金融监管工作在更好的KPI指引下,有效地实现《政府工作报告》制定的经济工作目标。

(作者系北京大学经济学院副教授)

Part 6

网信创新：芳林新叶盛，流水后浪生

健全社会信用体系，推动数字经济发展

杜丽群

李克强总理在 2021 年的《政府工作报告》中提出"加快数字化发展，打造数字经济新优势，协同推进数字产业化和产业数字化转型，加快数字社会建设步伐，提高数字政府建设水平，营造良好数字生态，建设数字中国"，这段话中一共出现了八个"数字"，道出了建设数字中国的丰富内涵。近年来，数字经济呈现出快速的发展态势，它不仅为我国经济高质量发展带来了新思维，而且为我国经济可持续发展提供了新动力。数字经济时代的到来对我国经济社会发展既是机遇也是挑战。由于社会信用体系与数字经济的高度融合，我们应积极推动信用体系与数字经济之间的良性互动发展。

一、数字经济与信用体系

所谓"数字经济"，指的是一个经济系统，该系统中数字技术在社会经济和政治生活中被广泛使用，企业、消费者和政府之间通过网络进行的交易迅速增长，信息和商务活动实现了数字化，整个经济环境和经济活动随之发生了根本变化。

以互联网为代表的信息技术革命是推动社会信用体系建设的重要力量，互联网的发展极大地促进了社会信用体系建设。面对"互联网＋"的社会，社会信用体系建设工作正围绕以下几方面稳步推进：加快信用信息的归集、共享、开发和应用；发展大数据征信；提升社会主体诚信意识；加大失信惩戒的力度，提高失信的成本；建立和完善以信用为基础的新型监管机制等。

随着数字经济的发展,社会经济活动中出现的信用缺失问题可以通过大数据征信加以解决,诚信社会的建立也离不开数字经济的支撑。同时,社会信用体系的建立健全对于数字经济发展将起到积极的推动作用,主要表现在两个方面:一方面,市场主体的信用档案和信用报告都需要借助强大的计算能力、大数据挖掘和建模技术来建立,将所有数据纳入信用评价范围并使之成为信用数据,能够确保信用评级结果真实可靠;另一方面,以数据为基础的技术驱动型信用监管+法治,是《政府工作报告》对信用体系建设提出的新要求,信用体系与数字经济密切相关,两者之间的互动发展预示着政府监管与市场自治的界限逐渐融合,同时阐明了大数据与信用体系结合是诚信社会建立和完善的基础条件,而信用体系建设为数字经济提供了更广阔的发展空间。

二、信用机制助力数字经济发展

当下,中国经济正在形成以国内大循环为主体、国内国际双循环相互促进的新发展格局,数字经济已经成为国民经济主导力量,其快速发展必将使我国经济更具活力和竞争力。信用是数字经济发展的根基,鉴于数字经济的发展呈现出高度信用化趋势,可以说数字经济就是信用经济,没有信用做保障,就无法实现数字经济的健康稳定持续发展。那么,应如何通过社会信用体系建设来助推数字经济的发展呢?

具体来讲,可以从以下三方面入手:一是加快培育专业的第三方信用中介服务企业,构建用户信用评级系统,通过跟踪用户点评交易平台及供需双方交易效果评价的数据记录,对交易主体提供专业的交易信用评级服务;二是让官方媒体介入信用体系建设,也就是对交易中的守信者和失信者进行公开披露,以失信惩戒制约交易中的失信行为发生;三是打破传统路径,采取线上线下相结合的O2O模式,线上注重与社交网络、电商平台等网络公司合作,线下整合工商、税务、公安、法院、海关、中国人民银行等职能部门的信用记录,建立起数字经济网上信用平台和线上线下相结合的安全信用体系。

三、多措并举推动数字经济与信用体系良性互动

（一）夯实数字经济的信用基础

当前，数字经济蓬勃发展，离不开作为支撑手段的信用机制。数字经济的发展要以信用为基础，离开信用的保障，数字经济不可能持续发展。数字经济是大势所趋，随着数字经济时代的到来，大众的生产生活方式将发生深刻的变化，社会治理模式的革新也势在必行。社会信用体系的建立健全不仅可以为数字经济的发展和社会治理模式的创新提供思路，而且能对国家治理能力的提升和治理体系现代化发挥重要作用。

（二）创新适合数字经济发展要求的监管手段

当前，数字经济已成为促进我国经济增长的新引擎，是经济高质量发展的重要支撑。数字经济的交易规模和数量的剧增不断挑战着传统监管方式。数字经济通过互联网平台将用户连接，参与规模与数量快速增长。传统的审批、现场执法等方式的线下监管模式难以应对数字经济中的海量用户、海量数据。此外，高质量的数字经济不仅是发展出来的，更是"管"出来的。建设数字中国，推动数字经济发展，需要构建新的监管机制，创新监管手段，提高数字政府建设水平。在我国社会信用体系建设的大背景下，应将信用机制嵌入数字经济监管以适应数字化转型的需要，这是创新监管的重要突破口。

（三）将信用机制的运行纳入法律的轨道

要发展数字经济，就必须将信用机制的使用纳入法律的轨道，健全相关的法律法规。在信用惩戒机制向纵深推进的前提之下，提高法律位阶的必要性毋庸置疑，这一切都需要以大数据作为基础的支撑。社会信用体系和数字经济虽然处在不同的领域，但由于社会信用体系与数字经济的高度融合，法制建设在两者之间必须同步协调发展。

（四）坚持以经济社会发展为目标

当今世界正发生着人类有史以来最为迅速、广泛、深刻的变化。以信息技术为代表的高新技术突飞猛进，以信息化和信息产业发展水平为主要特征的

综合国力竞争日趋激烈。信息化对经济发展和社会进步带来的深刻影响,引起世界各国的普遍关注。发达国家和发展中国家都十分重视信息化,把加快推进信息化作为经济和社会发展的战略任务。我国重点推进建设的5G网络、数据中心、工业互联网等新型基础设施,本质上就是围绕科技新产业的数字经济基础设施,数字经济已成为驱动我国经济实现又好又快增长的新引擎,数字经济所催生出的各种新业态,也将成为我国经济新的重要增长点。

与此同时,我们也要清楚认识到,虽然大数据为信用体系建设带来了新的契机,征信可以依托大数据技术构建新的信用评估模型,但仍然需要改进和加强以下几方面的工作:一是确保经济主体的合法权益。由于大数据信息采集的隐蔽性,用户的知情权和同意权难以保障。二是确保解决征信数据共享的难题。目前中国人民银行的金融信用信息基础数据库、政府职能部门(如司法、工商、税务、海关、民政局等)的相关信息以及各种网贷平台的信息未能实现数据共享。三是确保信息的安全性。由于大数据征信机构采集的海量数据包括个人的身份、社交、交易、受保护的医疗等方面的信息,保证在采集、储存、传输发送时的安全性尤为重要。四是确保大数据征信的准确性,特别是数据报送机构应确保数据报送的准确性。

总之,如果我们能够从"夯实基础""创新手段""健全法制""坚持目标"四个方面入手,切实做到"四个确保",数字中国、诚信社会、智慧城市、良好数字生态的美好愿景一定会指日可待。

(作者系北京大学经济学院教授、博导)

打造数字经济新优势，推动高质量对外开放

姜 峰

李克强总理在2021年《政府工作报告》中强调，"加快数字化发展，打造数字经济新优势，协同推进数字产业化和产业数字化转型""营造良好数字生态"，这是继2017年"数字经济"首次出现在《政府工作报告》中之后，第四次被写入《政府工作报告》，与以往最大的不同在于，本次从应用支撑、战略导向、科技服务和前瞻引领等方面系统勾勒出了智能化数字中国的创新之路。

近年来，世界各国高度重视第四次工业革命，不断加强新型基础设施合作，培育在线工作、消费习惯，尤其是在新冠肺炎疫情的防控过程中，数字化在经济复苏、复工复产过程中发挥了突出作用，数字经济也成为当前世界各国普遍认可的最具潜力的新经济增长点。同时，中国已经与"一带一路"沿线中22个国家和地区签署了电子商务合作备忘录，中国跨境电商综合试验区也在"一带一路"沿线部署了超过200个海外仓。根据《2019年全球跨境电商发展报告》，中国与"一带一路"沿线国家的跨境电商交易额的年增长速度达到20%，其与阿联酋、奥地利、柬埔寨的交易额增长速度更超过100%。此外，在新冠肺炎疫情造成全球宏观经济环境恶化的背景下，中国增设46个跨境电商综合试验区，并将在北京、天津等10个城市开辟跨境电商B2B出口监管试点，简化"跨境电商出口海外仓"和"跨境电商B2B直接出口"的申报和查验，形成了覆盖全国30个省(市、区)的内外联动数字经济发展格局，支持跨境电子商务交易、通关、结汇、支付、退税、物流，推动全球电子商务规则和制度完善。2020年是中国—东盟数字经济合作年，中国与东盟利用《中国—东盟智慧城市合作

倡议领导人声明》和《中国—东盟关于"一带一路"倡议同〈东盟互联互通总体规划2025〉对接合作的联合声明》,促进智慧城市、大数据、人工智能、网络安全等数字服务的合作研发。

数字经济充分发挥互联网技术的优势,加强了信息的直接获取与快速流通,使得各类经济体能够更节约、更高效地进行平等的合作、竞争与沟通,推动商业结构扁平化,显著减少了各个贸易环节的成本支出。一方面,数字经济的互联互通保障了信息通信的及时性、全球性和互动性,能够显著拓展交易搜寻范围,汇集贸易产品信息,极大地提高了信息的便利化水平,有效缓解了国际贸易中的信息不对称问题,也通过互联网营销释放了更多的需求和供给。另一方面,数字经济在"一带一路"沿线的快速推广,显著改善了沿线国家物流企业对数字技术及大数据的利用、分析能力,使这些企业逐步向仓储调控、货物分拣、订单处理的智能化方向转变;打破了国际贸易的国别界限,吸纳了更多的发展中国家进入国际市场;基于物流运输效率的提升降低了"一带一路"货物运输成本,促进了"一带一路"包容性增长。同时,数字经济扩展了贸易企业经营边际,使得生产企业可以更加便捷地获取全球价格信息、掌握市场竞争动态,提高了贸易过程中的监督、跟踪、评价的效率,增强了价格透明度,间接抑制了产品不合理定价。与此相对,基于社交媒体、5G、云计算等数字技术的发展,数字经济通过互联网降低了贸易双方连接的难度,冲击了发达经济体大型企业在全球贸易格局中的垄断地位,为广大发展中国家的中小企业进入国际市场开辟了新渠道,在一定程度上促进了区域协同发展,实现了全球资源优化配置。

然而,新冠肺炎疫情的全球蔓延导致众多跨国公司生产渠道出现梗塞,部分国家由于全球化产业链在疫情面前显露的脆弱性,对全球化的认知发生了根本性改变。一些国家加强国内生产制造能力,缩小多国家、多步骤的供应链。这一逆全球化浪潮的兴起给全球数字治理带来了很大挑战。同时,全球数字规则仍处于摸索初建阶段,尚未形成统一且被广泛认可的多边规则。美国较早投身数字经济,对数字经济规则的制定和诠释领先于欧洲及亚洲,重点追求数据跨境自由流通、全球数字市场开放和数字核心技术公平转让,并紧握互联网传输协议、国际互联网根域名、无线网络传输技术等技术标准;中国数字经济规则聚焦全球物流、跨境支付等服务的便利化和跨境货物贸易,注重消费者权利保护和国家安全;欧盟则通过颁布《通用数据保护条例》,加强数据存储和传输方面的自主权。

基于此,一方面,中国应提高 5G、工业互联网、大数据、区块链、人工智能等应用型数字基础设施与进出口贸易的融合程度,并且由于远程教育、线上医疗、信息服务等需求日益增多,应扩大服务业开放,推行服务贸易负面清单管理,提升农村宽带普及率,消除城市与农村之间的数字鸿沟,以中国庞大的消费市场、出色的产业配套激励"一带一路"沿线国家将数字经济纳入本国经济社会发展规划。另一方面,中国可利用自身优势,积极参与"一带一路"沿线国家的光纤光缆、大数据、物联网、区块链、互联网等数字基础设施建设,并且联合亚洲基础设施投资银行对"一带一路"沿线极端贫困地区数字化提供常态化的低回报支持或无偿援助,实现网络入户工程,将"一带一路"沿线的人口数量优势转化为数字经济发展需求优势,带动中国及"一带一路"沿线国家数字经济共同发展。同时,中国可借鉴欧美国家的数字空间治理经验,推进自身数据保护法规建设,加快完善数字贸易法律体系,规范跨境运输、移动支付、个人出入境、跨境物流、海关进出口等数据的交流、处理、保护和汇集,打造数字经济领域的法律制度框架。此外,中国应充分利用"一带一路"高峰论坛"数字丝绸之路"分论坛、亚信会议、互联网治理论坛、上海合作组织、金砖国家组织等合作机制,与"一带一路"沿线国家共同构建"一带一路"数字经济治理合作平台,定期分享、交流数字经济治理经验,探讨跨境税收政策、合作互动政策、治理规则等,逐步形成"一带一路"沿线各国政府主导、社会多方协同参与的数字空间治理格局。

(作者系北京大学经济学院博雅博士后)

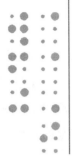

加快建设数字中国,构筑国家竞争新优势

刘 冲

2021年3月5日上午,国务院总理李克强在十三届全国人大四次会议上作了《政府工作报告》,提出"加快数字化发展,打造数字经济新优势,协同推进数字产业化和产业数字化转型,加快数字社会建设步伐,提高数字政府建设水平,营造良好数字生态,建设数字中国"。

数字经济是以数据为关键生产要素、以现代信息网络为重要载体、以数字技术应用为主要特征的经济形态。当前,我国经济已由高速增长阶段转向高质量发展阶段,以数字经济为代表的新动能加速孕育形成。2019年我国数字经济增加值达35.8万亿元,占GDP比重达36.2%。但也应当看到,我国数字经济发展水平与发达国家仍然存在差距,同期德国、英国、美国数字经济占GDP比重分别达到63.4%、62.3%和61.0%,我国数字产业化和产业数字化仍然有很大的发展空间。

数字技术不仅仅是经济发展的新动能,更在提升国家治理体系和治理能力现代化水平的进程中发挥着不可或缺的作用。随着经济社会持续快速发展,传统的治理模式和"人海战术"已越来越难以适应现代治理的需要,必须依托现代信息技术变革治理理念和治理手段,依托大数据构建智能化治理体系,有效创新公共服务提供方式,增强公共服务供给的针对性和有效性,全面提升政府治理效能。最鲜明的例子是,在抗击新冠肺炎疫情的过程中,以大数据为代表的数字技术发挥了重要作用,医疗救治、辅助筛查、卫生健康、交通管理等不同数据的交叉协同,在疫情监测分析、病毒溯源、防控治疗、资源调配等方面发挥了支撑作用,做到了早发现、早报告、早隔离、早治疗,使疫情防控关口前移,在实现疫情精准防控的同时提升了社会运行效率。

发展数字经济、提高我国经济社会数字化水平,是我国建设社会主义现代化强国的基础性先导性工作,是构筑数字化时代国家竞争新优势的战略选择。然而,在日新月异的第四次科技革命和激烈的国际竞争中,如何在数字化方面取得领先地位,仍是一个值得探讨的问题。笔者不揣浅薄,对这一问题有一些初步思考,以就教于各位专家读者。

一、打造数字经济新优势,推动产业数字化和数字产业化转型

习近平总书记指出,要推进互联网、大数据、人工智能同实体经济深度融合,做大做强数字经济。要以智能制造为主攻方向推动产业技术变革和优化升级,推动制造业产业模式和企业形态根本性转变,以"鼎新"带动"革故",以增量带动存量,促进我国产业迈向全球价值链中高端。数字经济与传统经济的关系不是对立的,而是相互融合、相互促进的。一方面,数字技术的蓬勃发展为传统产业转型升级提供了技术支撑,传统产业通过引入数字技术,对生产、运营、管理和营销等诸多环节进行全方位、多角度、全链条的改造,实现企业和产业层面的数字化、网络化、智能化发展。另一方面,传统产业积累的数据资产和来自传统产业的技术需求也催生了一大批数字产业,传统行业既是电子信息制造业、电信业、软件和信息技术服务业等数字产业产品和服务的"客户",也为这些行业的发展提供了大量数据资源。

因此,我国应当协同推进数字产业化和产业数字化,不能有所偏颇。数字产业化方面,我们要加大科研投入,攻关关键技术,推动信息基础设施建设,包括以5G、物联网、工业互联网、卫星互联网为代表的通信网络基础设施,以人工智能、云计算、区块链等为代表的新技术基础设施,以数据中心、智能计算中心为代表的算力基础设施,形成数字产业链和数字产业集群。产业数字化方

面,鼓励传统产业企业充分运用数据要素和数字技术重塑商业模式,利用数据资源,进行个性化定制、智能化生产、网络化协同、服务型制造等新模式、新业态创新,推动形成数字与实体深度交融、物质与信息耦合驱动的新型发展模式,进而促进新兴领域业务创新增值,提升企业核心价值。

二、加快数字社会建设步伐,提高数字政府建设水平

习近平总书记指出,要建立健全大数据辅助科学决策和社会治理的机制,推进政府管理和社会治理模式创新,实现政府决策科学化、社会治理精准化、公共服务高效化。近年来,大数据、人工智能、区块链等数字技术被广泛应用于智慧城市、公共事务管理等社会治理领域,加速了社会治理的数字化转型进程,但由于各项技术的应用目前处于探索阶段,真正实现数字化治理还面临诸多阻碍。比如,不同地区、不同部门之间没有实现数据完全的互通共享,存在一定的数据壁垒;再比如,不同地区政府行政审批和政务事项的数字化水平存在差异,部分地区在民生服务事项"一网通办"、企业"一站式"办理等方面的服务水平有待提高,等等。

笔者认为,全国一体化政务信息平台有助于进一步提高我国的数字化治理水平。政务信息平台应当覆盖全国、统一接入,在平台内部实现数据共享和协同办公,推动网络通、系统通、业务通、数据通,实现跨层级、跨地域、跨部门协同管理和服务,提高社会治理能力,实现1+1＞2的效果。全国统一的政务信息平台还可以避免不同地区和部门重复开发信息系统,减少开发成本浪费,同时助力缺乏开发技术或资金的地区和部门建立网上政务系统,利用信息平台简化行政审批流程,提高行政效率,让百姓少跑腿、数据多跑路,更好地解决企业和群众办事难、办事慢、办事繁的问题。

三、保障数据安全,营造良好数字生态

"十四五"规划中指出,"坚持放管并重,促进发展与规范管理相统一,构建数字体系,营造开放、健康、安全的数字生态"。尽管数据作为新的生产要素,具有可共享、可复制、可无限供给等特点,在数据资源的配置和交易方式上与传统生产要素存在一定的差异,但我们必须坚持市场在资源配置中起决定性作用的原则,加快数据要素市场机制建设。

目前,数据要素市场建设面临两个亟待解决的问题:

一是确权和定价问题。数据产权的确定主要分为三个方面,数据归谁所有,数据由谁使用以及数据收益归谁,这直接关系到交易对象和交易价格。笔者认为,应当类比知识产权的专利制度,建立全国数据资源统一登记确权体系,分层分类对原始数据、脱敏化数据、模型化数据和人工智能化数据的权属界定与流转进行动态管理,形成覆盖数据生成、使用、采集、存储、监测、收益、统计、审计等各方面,面向不同时空、不同主体的确权框架。同时,探索建立成本定价和收益定价、一次定价与长期定价相结合的数据资源流通定价机制。

二是数据安全问题。数据安全是数据应用的基础,数据泄露和数据窃取不仅直接侵犯了数据产权人的合法权益,也会威胁个人隐私,影响社会稳定,部分核心数据的安全甚至事关国家安全。目前,我国正在从法律和技术两个层面加强数据安全维护。在法律层面,2020 年 6 月,十三届全国人大常委会二十九次会议通过《中华人民共和国数据安全法》,该法律内容包括:确立数据分级分类管理以及风险评估、监测预警和应急处置等数据安全管理各项基本制度;明确开展数据活动的组织、个人的数据安全保护义务,落实数据安全保护责任;坚持安全与发展并重,规定支持促进数据安全与发展的措施;建立保障政务数据安全和推动政务数据开放的制度措施。在技术层面,我国正着力从识别、检测、监测、预警和处置各个层面综合提升网络防护能力,采取安全隔离、传输加密、数据脱敏等技术保证数据不被直接暴露,实现数据安全防护和实时监测,同时开发国产密码技术,有效保证数据的机密性、完整性、真实性和不可否认性,构建以国产密码技术为核心的数据安全生态体系。

当前,世界正处于第四次科技革命的浪潮中,以大数据驱动的人工智能技术正深刻改变世界的面貌;我国经济社会正处于转型升级的关键发展期,数字经济、数字政府、数字生态建设更将成为我国在新发展阶段中的强劲引擎。《政府工作报告》中提出的"数字中国"的概念,为中国应对国际国内相关机遇与挑战指明了方向。

(作者系北京大学经济学院助理教授、博导)

发展数字经济要加大无接触经济元素[①]

王大树　程　哲　赵文凯

十三届全国人大四次会议通过了"十四五"规划。规划强调统筹发展和安全，其中数字经济独占一篇，这是前所未有的。本文从数字经济的一种特殊形态——无接触经济的视角谈点看法。

从2020年7月30日中央政治局会议到习近平总书记此后发表的几次重要讲话，使用频率颇高的一个关键词是"安全"。围绕新发展格局这一主题，中央也提出了一系列强调安全的重要表述。例如，"统筹发展和安全""实现发展规模、速度、质量、结构、效益、安全相统一""办好发展安全两件大事""实现稳增长和防风险长期均衡""越开放越要重视安全，越要统筹好发展和安全"，等等。正是在这样一种语境下，关于高质量发展的目标定位，由原来的"四个更"拓展为"五个更"，从而形成了"更高质量、更有效率、更加公平、更可持续、更为安全的发展"的全面概括。这至少包括两层含义：一是作为基本要求，将安全作为一个重要维度引入经济和社会发展工作的视野，以高度敬畏之心维系好经济安全和人民生命安全，时刻绷紧安全这根弦；二是作为更高要求，将经济社会安全和经济社会发展放在同一平台加以考量，以高度智慧统筹发展和安全，办好发展和安全两件大事。现在，安全已构成经济社会发展工作的经常性和关键性考量，我们既要推动发展，又要维系安全，实现发展和安全互为条件、

---

① 本文是教育部哲学社会科学研究重大课题攻关项目"建立现代化经济体系的路径与策略研究"（18JZD029）、"教育部人文社科项目青年基金项目"发展不平衡不充分背景下城市PPP模式适宜性评价研究"（18YJC630019）的阶段性成果。

彼此支撑。在新冠肺炎疫情大流行的背景下，全球产业链、供应链受到巨大冲击，加大了我国经济社会发展的不稳定性、不确定性。换言之，以新冠肺炎疫情为代表的一系列"黑天鹅"事件，威胁到了经济安全。因此，可以做出的一个判断是，新发展格局凸显和强调的是"安全"二字。作为重塑我国国际合作和竞争新优势的战略抉择，"双循环"必须科学地统筹发展和安全。

2020年终于过去了。一年来的风风雨雨，我们经历了很多很多。新冠肺炎疫情一度席卷全国，把14亿人都定格在一个个网格，餐饮、住宿、旅游、电影等服务业按下了暂停键，不少行业半停产甚至完全停产，众多领域受到不同程度的影响，遭受了很大的经济损失，2020年第一季度GDP同比下降6.8%，这是多年没有的。

阻断和隔离可以有效地抗击疫情。中国战疫的经验表明：戴口罩、勤洗手、少接触或不接触等是行之有效的方法。因此，人类应该采取新的生活方式——"无接触"，日本政府最近向国民建议"新生活方式"——保持社交距离，避免密切接触，适当远程办公，多用电子支付，等等。新生活方式需要新应对，经济要加入无接触元素，人与人尽量少见面、不接触，无接触经济应运而生。

无接触经济（contactless economy）是利用现代信息技术手段，通过网络等平台，达到人与人、人与物之间不接触就可以实现交易的经济活动，也就是说，在各个环节中，人与人尽可能地减少面对面的物理接触和空间接近，而更多地通过"人—物—人""人—网络—人"等物理和实体空间相对隔离的方式开展经济活动。无接触经济的表现形式有电商平台网购、视频会议、远程医疗、线上娱乐、在线教育、电子政务、智能物流，等等。这些以不见面、少接触为特点的经济形态兴起标志着一场颠覆式变革的到来。无接触经济代表着新的经济增长点，能安全地满足人们生产生活需求，必须高度重视，加快培育。

其实，无接触经济从数字经济发展而来，是数字经济的一种特殊形态。它的内在要求是供给方和需求方在现实世界不发生直接接触，而是通过互联网在虚拟世界间接相遇,也就是说,它和数字经济一样,都是建立在互联网技术基础之上的。随着大数据、云计算、人工智能、5G 以及智能物联等技术的运用,平台作为有效媒介以更高的市场效率和更低的市场摩擦,实时反映供求双方的信息,高效协调地区之间的资源配置。无接触经济发展得比较好的国家都是互联网大国,因为如果没有强大的产业信息化、人工智能、数字技术的基础,无接触就只是空中楼阁。

网络信息技术的应用使虚拟经济向实体经济、消费向生产领域拓展,蓬勃发展的数字经济重塑着人类生产和生活方式,催生了一系列新业态,其中很大一部分(例如电商),如果植入无接触或者无人化的生产和消费场景就会蝶变成为无接触经济。从需求方面看,由数字技术革新带来的新产品,通常存在一定的"学习成本"(如转变消费习惯等),导致不少消费者对新产品、新模式、新业态采取观望甚至拒绝态度。新冠肺炎疫情的倒逼在客观上起到了市场教育和催生的作用,用户从过去的被动认知转到现在的主动了解和接受,在短期内迅速完成了对无接触消费的认知和普及,引发了巨大的无接触需求,让这些行业迎来了用户和业务量的爆炸性增长。所以,作为数字经济的特殊形态,无接触经济是由疫情外生冲击产生的突发巨量需求与业已存在的相关数字化产业供给相结合应运而生的经济业态。

所以,我们认为:"十四五"时期统筹发展和安全,要防备新冠肺炎疫情反弹扩散,就要在数字经济中增加无接触经济元素,在生产经营过程中利用数码手段预留无接触接口,一旦疫情卷土重来,立即切换到无接触模式。

(王大树系北京大学经济学院教授、博导;程哲系西安建筑科技大学公共管理学院教授;赵文凯系北京大学经济学院财政学专业 2016 级博士生)

Part 7

国际合作:浩渺行无极,扬帆但信风

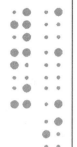

中国自贸区的贸易优化效应探析

李 权

中国当前新发展理念和高质量发展强调创新、协调、绿色、开放、共享,自贸区成为当前中国第二代开放的核心机制。习近平总书记指出:要把自由贸易试验区建设成为新时代改革开放的新高地。李克强总理在2021年《政府工作报告》中对开放问题做出强调:推动区域全面经济伙伴关系协定尽早生效实施。在创新发展和实践探索中,中国自贸区形成了"大自贸"与"小自贸"并驾齐驱的格局。大自贸区(FTA)跨越两个以上不同关税区经济体,通过签订自由贸易协定,经济体之间相互取消绝大部分货物贸易的关税和非关税壁垒,取消绝大多数服务部门的市场准入限制,开放投资,从而促进商品、服务和资本、技术、人员等生产要素的自由流动。大自贸区的基本特征是仅对签署国开放,相互开放、相互给惠。小自贸区(FTZ)是一个贸易体境内一个或多个消除关税和贸易配额、经济行政干预较小甚至完全实施自由经济的区域,其基本特征是面向全球所有经济体开放,自主开放、单方给惠。同时,中国近年来在全国范围内建立了一百多个跨境电商进口试点,北京的"双自联动"建设充分发挥北京自贸区制度优势和中关村国家自主创新示范区的创新基因,综合试点则推进优势互补,相得益彰。

经典的区域合作理论与关税同盟理论认为,区域合作的进程中带来了贸易创造效应和贸易转移效应:贸易创造效应是伙伴国的进口替代本国生产,实现了资源配置的优化和福利增长,但进口增长给本国民族产业带来了较大的冲击;贸易转移效应是高成本的同盟国产品替代低成本的同盟外产品,使得资源配置不合理,但是对民族产业的冲击较小。中国大自贸、小自贸、自主创新"三自联动"机制加上跨境电商综合试点从三方面拓展了传统区域合作的正向经济效应,克服了其不利影响:首先,小自贸区面向全球所有经济体自主开放的特点进一步优化了全球资源的配置,克服了传统贸易转移效应产生的不利影响,其更加便利的通关条件和制度创新促进了共生型产业体系发展与产业升级;其次,跨境电商的网络正反馈、成本降低和物流升级进一步强化了自贸区的贸易扩大和福利增长效应;最后,国家自主创新示范区的建立,助力与全球创新价值链相融合的新型产业体系的完善,进一步扩大科技服务业开放,打造具有国际影响力的科技品牌企业,助推企业"走出去",积极参与国际市场竞争。

从实践的角度考量,以《区域全面经济伙伴关系协定》(RCEP)为例,中国参与的国际区域合作框架呈现出三个重要特征:首先,参与主体更加广泛,涵盖更多不同发展水平的经济体,彼此之间优势互补的国际分工合作有更加坚实的基础,根据"区域累积"原产地规则,重点在15国的区域内价值成分累积达到40%时,即可适用特定优惠关税税率,享受优惠待遇;其次,协定内容日益丰富,超越关税减让清单,包含标准、保障措施、海关管理、服务贸易等条款,新议题涉及投资、竞争、劳工、环境、政府采购、知识产权等,电子商务等新兴业态也纳入了合作框架;最后,标准越来越高,RCEP对快运、易腐货物等争取6小时通关,整体超过了世界贸易组织的《贸易便利化协定》。RCEP签署后,中国已与26个国家和地区签署19个自贸协定。

在大自贸区不断推进的同时,中国分批设立试点,推进小自贸区的有序发展,已建立21个自贸区,统筹布局,复制推广,逐步升级,其中海南自贸港建设总体方案于2020年6月发布。小自贸区承担着从过去粗放模式转换到创新驱动发展模式的历史使命:立足制度创新,推进贸易便利化和投资自由化;立足特色优势,实现"纵横"联动化;立足人力资源,探索人才改革创新试验。当前小自贸区建设通过公平的市场竞争和良好的营商环境形成新的比较优势,打造能吸引高附加值制造业和服务业集聚的面向全球开放的重要高地,为中国参与国际多边和区域合作提供先行先试、逐步积累经验的机会,为推动国内企业"走出去"创造更好的市场准入和投资保护条件,建立更加公平的知识产权保护环境,同时孵化和培育具有国际竞争力的跨国公司和新兴产业,推动企业"走出去"。

李克强总理出席记者会并回答中外记者提问时强调指出:就业对一个国家、对一个家庭都是天大的事。事实证明,自贸区的虹吸效应显著,其带来的贸易优化效应对于稳就业、稳外资、稳外贸发挥了重要的作用。例如海南从自贸区到自贸港这三年来,大力引进优质资本,已累计集中开工项目达1578个,总投资6588亿元;截至2020年年底,海南11个自贸港重点园区注册企业达3.82万家,2020年实现营业收入4665.34亿元,同比增长80.85%,实现税收收入395.38亿元,同比增长12.32%;2021年计划投资88亿元,第二批项目集中开工110个,项目总投资289亿元,涵盖了产业发展、"五网"基础设施提质升级、民生公共服务等领域。自贸区释放的改革红利,还激励了中国企业的对外投资,伴随的商品和劳务输出也会随之增长。

总体上看,中国自贸区带来的贸易优化效应使中国外贸参与国际市场的角色从竞争性向整合性发展,这一方面有助于缓解贸易摩擦,另一方面有助于更好地服务于"双循环"转型。全球价值链(GVC)、区域价值链(RVC)和国内价值链(NVC)共同推动中国高端制造业的发展,拓展产品价值空间。RCEP对至少92%的区域内商品免征关税,对至少65%的服务行业完全开放,监管措施更加透明。自贸区建设助力中国的制度改革不断完善,使营商环境更加优化、法律法规体系更加健全、风险防控体系更加严密、现代社会治理格局更加成熟,进一步推进了中国的和平发展与全球治理中的互利共赢。

(作者系北京大学经济学院副教授、博导)

中国有能力在"双循环"新发展格局下实现经济高质量发展

王桂军

自2020年4月起,习近平总书记多次强调"要深化供给侧结构性改革,充分发挥我国超大规模市场优势和内需潜力""逐步形成以国内大循环为主体、国内国际双循环相互促进的新发展格局"。这一顶层战略随之成为我国"十四五"时期乃至未来中长期经济社会发展的主要目标。李克强总理在2021年的《政府工作报告》中进一步指出,要"立足国内大循环,协同推进强大国内市场和贸易强国建设,依托国内经济循环体系形成对全球要素资源的强大引力场,促进国内国际双循环"。"双循环"新发展格局的战略定位不仅是我国应对全球贸易环境恶化的短期决策,更顺应了我国经济社会发展的长期规律。一方面,内需"进口依赖"、产出"出口依附"的出口导向型经济虽然可以迅速拉动经济增长,但在嵌入全球价值链生产的过程中容易被发达国家"俘获",无法进一步向价值链高端攀升。我国作为一个经济总量全球第二、工业产值常年稳居世界第一的超大型发展中国家,逐渐摆脱进出口依赖,畅通国内经济循环,依托完备的产业体系激发内需潜力,进而通过内需市场反哺产业升级,是我们实现经济高质量发展的必然选择。另一方面,我国也完全有能力构建以国内大循环为主体、国内国际双循环相互促进的新发展格局,并以此为依托实现经济的高质量发展。

一、庞大的内需市场是构建"双循环"新发展格局的基础保障

近年来,全球经济进一步萎缩,"逆全球化"趋势不断上扬,2020年新冠肺

炎疫情的全球暴发更加速了全球贸易环境的恶化。但从国内经济局势来看,尽管 2020 年第一季度 GDP 同比下滑 6.8%,但自第二季度起 GDP 迅速反弹,同比增长 3.2%,经济复苏步伐明显加快,整体呈深"V"形发展趋势。这一方面归功于中国特色社会主义制度优势下迅速而成效卓著的防疫抗疫工作,另一方面也得益于我国已经形成的全球最完整、规模最大的工业体系、强大的生产能力和超大规模的内需市场。正如习近平总书记所言,"我国经济潜力足、韧性强、回旋空间大、政策工具多的基本特点没有变",经济增长的基本盘保持稳定。2019 年我国人均 GDP 首次突破 1 万美元,人均可支配收入突破 3 万元大关,人均消费性支出也超过 2 万元,远高于同发展水平时期的老牌发达国家。而且,我国国内潜在消费能力巨大,庞大的中等收入群体消费潜力仍待挖掘。庞大的内需市场不仅可以缓冲外部需求震荡,减少外需下降对国内生产端的压力,而且可以倒逼国内企业技术创新,加快现代产业体系发展步伐,促进国内生产、分配、流通和消费之间的循环互动。可以说,超大规模的市场优势和内需潜力将是我国未来经济发展的新的比较优势甚至绝对优势,也是构建"双循环"新发展格局、实现经济高质量发展的重要基础保障。

二、强大的工业体系为构建新发展格局奠定了坚实的工业生产基础

中华人民共和国成立以来,我国高度重视工业体系建设。从改革开放前的重工业优先发展战略,到改革开放之后不断调整的轻重工业均衡发展,我国实现了从农业大国向工业大国的转变,工业体系不断完善。1952—2019 年,按不变价格计算,我国工业增加值增长近千倍,年均增长率超过 10%。近年来,供给侧结构性改革取得阶段性成果,钢铁、化工等传统工业已基本跨越一般技术瓶颈,逐渐摆脱国际分工体系下的依赖地位,新能源、人工智能和 5G 通信等新兴产业也进入发展快车道,并向传统产业渗透。如今,我国在轻重工业中均涌现出大批具有国际竞争力的企业。虽然近年来我国工业全要素生产率增速放缓,但工业体系仍然存在结构红利,资源配置效率提升空间大,依然可以依托优化资源配置提速全要素生产率。因此,不管从体量、结构,抑或全

要素生产率增长潜力来看,我国的工业体系足以为构建"双循环"新发展格局提供坚实的支撑。

三、日益提高的国家创新能力为构建新发展格局提供了牢靠的科技保障

党的十八大以来,在创新驱动发展战略的引导下,我国的技术创新能力日益提高,具体表现为:研发投入逐渐增加,R&D经费支出占GDP比重由2013年的1.99%增至2019年的2.23%,规模以上工业企业有科技活动的企业数量多达13万家;技术创新水平持续提升,专利申请授权数由2013年的131万件增至2019年的259万件;创新质量逐渐提高,其中发明专利申请授权数量由2013年的20.77万件增至2019年的45.28万件;创新国际化能力持续增强,PCT专利申请量由2013年的22 924件增至2019年的60 993件,高技术产品出口额占高技术产品进出口总额比重维持在50%以上;区域创新呈均衡发展态势,东、中、西部创新水平差距逐年缩小,中西部专利申请授权数量占比由2013年的26.8%增至2019年的28.2%,R&D经费支出占GDP比重由2013年的1.07%增至2019年的1.32%,增幅23.4%,高于东部地区的增幅14.9%;区域创新网络体系日渐完善,创新网络已经逐渐演变为以北京、上海、深圳、杭州等多个城市领跑全局的多极模式,跨省份的创新扩散效应不断增强。目前来看,虽然我国仍然面临技术"卡脖子"问题,自主创新能力仍需进一步挖掘,但现有的国家创新能力足以为下一步的自主创新提供研发基础,为畅通国内大循环、形成"双循环"新发展格局提供技术保障。

四、超大体量的贸易和投资规模为实现更高质量的国际循环创造了条件

改革开放以来,我国依托强大的要素比较优势成功嵌入全球价值链生产,逐渐由全球价值链低端的边缘国家成为上接发达经济体、下连发展中经济体的全球价值生产枢纽国。特别是进入习近平新时代以来,我国以实现"人类命运共同体"为目的推进"一带一路"建设,依托互惠平等、共同发展的合作平台和市场网络,积极采用"先发展再分配""共商共建,成果共享"的"中国方案"与

"一带一路"沿线国家开展贸易合作,在通过贸易往来和对外直接投资加快"一带一路"沿线发展中国家工业化进程的同时,也极大地带动了国内现代产业体系的形成与发展。如今,我国已是全球第一大货物贸易出口国,第二大货物贸易进口国、服务贸易国和外商直接投资引资国,第三大对外直接投资国。如此庞大的对外贸易和投资规模,为我国畅通国内大循环,进而实现更高质量的国际循环奠定了牢靠的国际贸易和投资优势。

综上,以国内大循环为主体、国内国际双循环相互促进的新发展格局是我国打破既有国际分工,摆脱对发达国家的经济依赖,避免"中等收入现象",实现经济高质量发展的必然选择。我国超大规模的内需市场、强大的工业体系、日益提高的国家创新能力以及超大体量的国际贸易和投资规模,使我国完全有能力构建"双循环"新发展格局,并以此为依托实现经济的高质量发展。

(作者系北京大学经济学院博士后)

在"双循环"中构建"改革—开放—发展"的新格局

王曙光

"双循环"战略和中国发展新格局的形成,与全球局势的变化密切相关,也与"中国与世界关系"格局的变化密切相关。中国已经是一个深度参与全球化的国家,全球市场波动及需求变化对于中国经济产生的影响是巨大的、深刻的。如果回顾近30年以来的经济发展,我们可以发现,国内循环和国际循环关系格局的不断修正,既是基于对中国自身发展模式和增长机制所面临的挑战的一种"相机抉择性"的回应,也是基于对"中国与世界关系"格局的洞察与适时调整。中国从20世纪80年代初期初步参与全球化,到21世纪初期参与全球化的程度逐步加深,这一历史性的变化使中国的经济增长与外贸紧密地联系起来,外贸在经济增长中的作用日益突出,中国出口导向型国家的经济结构开始奠定。

如图所示,从20世纪80年代中期到2018年中美贸易摩擦开始之前,中国的对外贸易依存度经历了一个先上升后下降的过程。80年代中后期,中国的对外贸易依存度仅为25%左右,进入90年代后有所提升,世纪之交时达到40%左右,从这一时期起,中国的出口依存度开始高于进口依存度。加入世界贸易组织以后,随着开放程度的不断提高,中国迅速地融入全球贸易体系,对外贸易依存度亦开始大幅攀升,2005—2007年连续三年保持在60%以上。但这一局面在2008年国际金融危机之后发生了明显的改变。从贸易的角度来看,在2008年金融危机之后,中国的对外贸易状况已明显不同于加入世界贸易组织的最初几年。虽然在少数年份中国的外贸依存度仍有小幅增长,但整体上呈现出下滑的趋势。2015年中国外贸依存度下降至35.6%,这也是中国自加入世界贸易组织以来外贸依存度首次低于40%,这大致相当于20世纪90年代中后期的水平,而在此基础之上,2016年和2017年又有小幅下降。这一变化本身意味着中国对国际市场的依赖程度已经在不断调整当中,一方面是国外需求的下降,另一方面则是国内需求的提升。

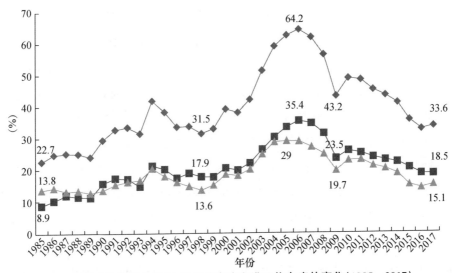

图　中国对外贸易依存度、出口依存度和进口依存度的变化(1985—2017)

资料来源:海关总署统计分析司编,《改革开放40年中国对外贸易发展报告》。北京:中国海关出版社2018年版,第964页。

和改革开放初期相比,近二十余年间中国对于国内需求给予了更多的重视和强调,决策者和学术界对过度依赖外贸来拉动经济的增长模式已经有了深刻的反省。而在每一次波及范围较广的经济危机中,内需都是中国减缓经济下行压力的重要引擎。1997年亚洲金融危机爆发后,中国出口大幅减少,中央从1998年开始推行以扩大内需为主的扩张性经济政策,增加基础设施建设投资,放松银根,同时拓宽消费领域,扩大城乡居民消费需求,通过投资与消费的双重拉动确保了国内经济的平稳发展。2008年国际金融危机再度引发世界经济形势的持续低迷,对中国的进出口贸易乃至国内经济产生了更为严重的影响,"扩内需、保增长"依然是稳定经济的关键。事实上,由于世界经济形势的恶化,贸易摩擦和保护主义之潮在国际金融危机之后重新泛起,2008年全球新发起反倾销调查208起、反补贴调查14起,而中国分别遭遇了其中的73起和10起,分别占总数的35%和71%,当今美国针对中国的贸易保护主义措施更是频繁,国际贸易环境的恶化正在成为中国调整经济增长模式的主要考量之一。

2007年服务和货物贸易净出口对中国经济增长的贡献率为18.1%,这一指标在2008年迅速下降至9.0%。国际金融危机之后,受到全球经济形势的影响,服务和货物贸易净出口对中国经济增长的贡献率表现并不稳定,有的时期甚至为负,内需则一直是支撑中国经济增长最重要的因素。根据国家统计局的数据,2019年国内消费对中国经济增长的贡献率为57.8%,拉动经济增长3.5个百分点,消费已连续六年成为经济增长的主要动力;同年资本形成对经济增长的贡献率为31.2%,拉动经济增长1.9个百分点;货物和服务净出口对经济增长的贡献率为11%,拉动经济增长0.7个百分点。可以看出,在近年拉动经济增长的要素中,内需发挥着决定性的作用,而外贸起到辅助性的作用,这一历史趋势的形成是国际贸易环境变化和中国自身经济增长模式调整(如供给侧改革和刺激内需政策)的共同结果。中国拥有巨大的市场和相对完整的产业链条,不论外部环境如何,内部需求都是我们必须高度重视的要素。

近几年来,国际局势日益复杂多变,不同形式的贸易保护主义在全球范围内不断升级,英国脱欧、德法等国右翼势力的崛起、美国的特朗普主义无一不是打着反自由贸易、反移民、反全球化的旗号,所有这些都给未来的全球经济格局以及国际贸易带来更多不确定因素。外部需求的变化与国际环境息息相关,中国需要未雨绸缪,根据国际环境的变化对发展战略做出及时的调整,在坚持对外开放发展战略、深化经济体制改革的同时,构建全新的开放格局以适应全球化的新变化和新形势。

从改革开放四十多年的历史进程来看,在这一关键性的历史时期,中国积极主动地投入全球化进程,大力引进外资和国外技术,深度参与国际商品的生产与交换,在出口导向模式的推动下,中国制造的工业品凭借成本优势迅速进入国际市场,在全球产业链当中占据了一席之地。这些变化为中国经济的快速成长奠定了体制基础,中国在这一轮全球化中充分分享了红利,深度融入了世界,世界也从中国的参与中获得了动力。然而对于一个超大经济规模的国家而言,过度依赖国际市场、国际循环所蕴含的内在风险和不确定性也是巨大的,全球发达国家的"再工业化"和"去全球化"战略已经显示出全球化的另一面,对此中国必须有充分清醒的认识。同时我们还应清醒地认识到,尽管四十多年来,中国在技术改进和提升全球市场份额方面都取得了长足的进步,但在很多领域,中国产品的附加值并不高,中国企业的技术水平以及自主创新能力仍有待提升。几十年来的技术引进实践证明,并非所有的技术都可以通过市场交换的方式获取,特别是关系到国家安全和长远发展的高精尖技术。中国在集成电路、航空航天、顶尖精密仪器等领域的技术短板已日益成为制约发展的瓶颈。尽管近年来中国的基础研究投入一直保持快速攀升的态势,然而与美国相比,中国在基础研究经费、R&D经费投入规模以及投入强度等方面仍有明显的差距。

今天,我们应以系统动态平衡的观点来理解"双循环"战略,并以之作为构建"改革—开放—发展"新格局的方法论基础。"双循环"并不意味着对国际大循环的放弃,在当下的国际背景下推动内循环,其更重要的意义在于加速消除国内经济在要素流动、资源配置等方面存在的体制障碍,并以此为契机进一步推进产业技术的升级和经济的高质量发展。一方面,要一如既往地积极拓展外部发展空间,依托于"一带一路"倡议的实施打造崭新的开放格局,积极参与全球治理以及全球化规则体系的制定,寻求与更多国家的合作共赢,减少逆全球化潮流可能带来的不确定性和损失;另一方面,则要继续深化改革,完善市场机制,全面构建有利于推进技术自主积累与创新的制度环境,从而加快推动高端制造业的发展以及传统制造业的转型升级,整体提升国内制造业的竞争力,进而提高中国制造业在全球产业链布局中的地位。习近平总书记在经济社会领域专家座谈会上的重要讲话中强调:"我们要坚持供给侧结构性改革这个战略方向,扭住扩大内需这个战略基点,使生产、分配、流通、消费更多依托国内市场,提升供给体系对国内需求的适配性,形成需求牵引供给、供给创造需求的更高水平动态平衡。当然,新发展格局决不是封闭的国内循环,而是开放的国内国际双循环。我国在世界经济中的地位将持续上升,同世界经济的联系会更加紧密,为其他国家提供的市场机会将更加广阔,成为吸引国际商品和要素资源的巨大引力场。""高水平动态平衡"这一提法非常重要。国内循环和国际循环的系统动态平衡、国内供给侧结构性改革和扩大内需的系统动态平衡、改革—开放—发展的系统动态平衡,是新发展格局的重要特征。"双循环"战略是"开放的国内国际双循环",其前提是开放,其落脚点是推动国内的体制变革、经济结构优化和增长动力转型。对于中国这个超大规模国家而言,首先要办好自己的事,以系统动态均衡的视角补足自己发展的短板,促进国内经济运行机制、经济结构和产业结构的优化,强化中国创新型发展的内在动力,这不是以国内循环取代国际循环,更不是闭关锁国,而是要通过系统性的制度创新实现经济增长动能和经济增长方式的转变,以更高的水平、更有效的方式、更主动的姿态,积极参与未来的国际大循环。

(作者系北京大学经济学院教授、博导)

"十四五"：迎接中国经济对外开放的新高潮

王跃生

李克强总理在2021年《政府工作报告》中再次强调要实行高水平对外开放，"深化多双边和区域经济合作。坚定维护多边贸易体制。推动区域全面经济伙伴关系协定尽早生效实施、中欧投资协定签署，加快中日韩自贸协定谈判进程，积极考虑加入全面与进步跨太平洋伙伴关系协定""建设更高水平开放型经济新体制，推动共建'一带一路'高质量发展，构建面向全球的高标准自由贸易区网络"。上述论述不仅指明了2021年乃至整个"十四五"期间我国经济对外开放的方向，而且昭示了我国对外开放新格局的形成。

众所周知，逆全球化潮流出现以来，特别是贸易摩擦和新冠肺炎疫情暴发以来，我国不断强调坚持高水平对外开放，积极推进以双边、诸边和区域经济合作为代表的新型全球化，积极促进世界贸易组织全球多边贸易体制的完善与改革。2020年年末，中国与周边国家正式签署《区域全面经济伙伴关系协定》(RCEP)；紧接着，《中欧全面投资协定》(CECAI)谈判于2020年年底宣告完成，中国通过这两个协定既与周边国家建立了更为紧密的经贸合作关系，又与世界开放程度最高和最大的经济体欧盟达成了高水平贸易投资自由化安排。与此同时，习近平主席在出席亚太经合组织(APEC)领导人非正式会议的演讲中明确提出，中国将积极考虑加入《全面与进步跨太平洋伙伴关系协定》(CPTPP)，引起国内各界及国际社会的广泛关注。这些事件接连发生，绝不可能是一种偶然。它表明，经济全球化与区域一体化、贸易投资自由化与开放市场、国际经贸规则的改革完善与逐步趋同，仍然是当今世界经济的大趋势;而中国进一步深化改革开放,引领新型全球化,以包容合作促进经济发展,乃是中国应对这一大趋势,使中国经济持续发展的必由之路。

从 RCEP 到 CECAI,再到 CPTPP,可以看成新时代中国经济对外开放的三级跳,每一次跳跃所要求的都比之前更高、更难,也对中国自身经济体制、制度框架、竞争力和冲击承受力有更高的要求。从更长远的历史视角来看,新时代的这一对外开放三级跳,则是中国继 20 世纪 70 年代末的改革开放、21 世纪初加入世界贸易组织之后的第三次开放高潮。这三次对外开放高潮的间隔都是 20 年左右,这并非偶然,说明对外开放浪潮的形成有着深刻的社会经济基础和历史逻辑。其机理在于,中国的改革开放是一个宏大的历史进程,这一进程不可能一蹴而就,一定是在充分消化、吸收每一轮对外开放政策成果,在每一轮开放政策的效应充分释放、政策效力趋于衰减的时候,在中国经济与社会迫切需要新的开放措施刺激经济活力而自身又具备了基本承受力的时候,适时开启新的开放进程。正是由于这种开放与改革一张一弛的节奏和阶段性力度,使新的改革开放举措既开疆破土、除旧布新,又因应时势、水到渠成。

可见,对外开放政策不可能是一帆风顺、一蹴而就的。高水平的对外开放新政策既是对相关产业、行业、企业的挑战,又是对既有利益格局和制度规则的深刻调整。如同加入 RCEP 从 2012 年 11 月开始历经 8 年谈判才签署协议,加入 CECAI 则走过 7 年 35 轮谈判的漫长历程一样,未来中国加入 CPTPP 也绝不会一帆风顺、轻松完成。当然,我们也相信,经历了前两个协定多年谈判的经验积累,特别是经过 CECAI 这一高水平贸易投资协定与欧盟 27 个成员国达成一致的锤炼,中国加入 CPTPP 的过程应当会相对顺利一些。

不难发现,随着中国加入 RCEP,随着 CECAI 签署完成并落地实施,随着中国加入 CPTPP 继承的积极推进,随着中日韩自贸区谈判以及《中美双边投资协定》(BIT)的进展,中国经济将会在"十四五"期间形成一个对外开放的新高潮——即改革开放、加入世界贸易组织之后的第三次开放高潮。那么,为什么中国经济会在"十四五"期间迎来第三次对外开放高潮?这既是中国自身经济持续发展的客观需要,也是 21 世纪国际政治经济环境下的必然选择。

从国内来讲,中国经过四十多年改革开放取得巨大经济成就,已经成为全球第二大经济体,并有可能在不太远的将来成为第一大经济体。但是,我们也面临跨越中等收入阶段进入高收入国家行列、实现经济转型升级和可持续高质量发展的艰巨任务。在经济全球化受挫、外部环境恶化的情况下,党中央及时提出建立以国内大循环为主体、国内国际双循环相互促进的新发展格局。在以内循环为主体的"双循环"格局下,与发达国家的经济关系主要不在于广度,而在于深度,在于以同样的制度架构和同样的规则建立起对等互惠的新型关系,而不是发达国家为主、中国为辅的"中心—外围"关系,或者中国大规模为发达国家从事低层次加工制造的非对等分工的主从关系。这里,更高水平、制度型、规则型对外开放就是建立以质取胜的新型对外经济关系的必备条件。同样,随着内循环的推进,中国在关键技术、核心零部件以及最终产品市场上会逐步摆脱对发达国家的单向依赖,在自主创新、核心技术、内需市场方面不断取得进展,形成与发达国家之间互有领先、各有所长、互有需求、互相依赖的局面,最终与主要发达经济体之间建立一种平等、对等、竞合、互惠的可持续的对外合作格局。在这一过程中,中国需要在市场准入、服务贸易、知识产权、竞争规则等领域与外部世界规则相容、互利合作,需要高水平开放。

从国际环境来看,经济全球化趋势的大幅萎缩停滞,特别是新冠肺炎疫情大流行带来的脱钩、断链与孤立主义潮流已经实实在在地影响到了各国的经济发展,2020年全球对外直接投资(FDI)断崖式下降42%,国际贸易显著下降9.2%就是证明。虽然一般认为拜登政府执政后,特朗普时代的孤立主义和去全球化政策会有所收敛,美国会重新加入一些国际协定,也会与中国开展一些经济合作。但在百年变局与大国博弈的背景之下,中美之间的大国竞争与博弈仍会持续,美国对中国的打压和限制甚至可能更为剧烈与深刻,全球一体化结构和多边贸易体制短期内难见曙光。在此种背景下,各种各样的双边、诸边、区域、跨区域的经济合作与自由贸易安排都将是未来的主流趋势。RCEP、CECAI、CPTPP作为与中国关系密切的重要贸易投资一体化安排,肯定是中国必须积极加入和参与主导的机制。在RCEP签署成立、CECAI谈判完成之后,一旦中国最终加入CPTPP并更进一步完成中日韩自贸区谈判和中美之间的双边投资协定谈判,中国经济的开放程度将基本达到主要发达国家的水平,中国全方位、高水平开放的经济格局将最终完成,21世纪世界经济以双边、诸边、多边自由贸易协定为主体构成的全球开放格局也将最终形成。

(作者系北京大学经济学院教授、博导)

文明比较视阈下"构建人类命运共同体"的大国担当

闫 雨

国务院总理李克强在十三届全国人大四次会议作《政府工作报告》,指出"我们要坚持独立自主的和平外交政策,积极发展全球伙伴关系,推动构建新型国际关系和人类命运共同体。……中国愿同所有国家在相互尊重、平等互利基础上和平共处、共同发展,携手应对全球性挑战,为促进世界和平与繁荣不懈努力"。

新冠肺炎疫情导致世界经济陷入深度衰退,单边主义、保护主义抬头,一年多来,中国积极投身全球抗疫行动,以实际行动践行人类命运共同体理念,在国际社会赢得了尊重。

通过人类文明发展比较,可以定位某一文明的阶段性特征,既有历史现象的参照,也是对人类文明发展规律的遵循与应用,文明之间的关联亦可为人类发展的研究提供更为宏大的时空背景。

当下的世界正处于百年未有之大变局。新兴市场国家和发展中国家对全球经济增长的贡献率已经达到80%,在2020年的全球主要经济体中,中国唯一实现了正增长。国际经济力量对比深刻演变,信息化将世界各国紧密联结,局部事件可以引发世界性危机,全球问题跨越国界、民族、跨越意识形态,绝非单一国家可以应对的。全球性贫困问题、气候问题、难民问题、新的地缘冲突问题、恐怖主义与安全问题、网络安全问题、重大传染疾病问题等,亟待形成新的全球化治理体系和机制。

新冠肺炎疫情全球流行重创了全球价值链、供应链,冲击了全球贸易和投资。西方大国的国际合作势头锐减，保护主义呼声高涨。有的国家甚至将国内治理赤字、两极分化、政策调整失败的责任推卸给新兴国家，压制发展中国家和新兴经济体在全球治理体系中的话语权，导致逆全球化兴起、民粹主义涌动、国际组织功能失效、全球金融体系失序。

全球治理成为西方发达国家以隐蔽手段干预他国政务、推行西方民主模式、为跨国公司护航等行为的理论体系。西方国家对发展中国家的扶助附加了各种政治条件，要求这些发展中国家采用"治理模式"进行社会变革，直接导致被干涉民族国家的主权和政府权威薄弱、经济增长缺乏内生动力。西方治理理念与行动实质已然渐行渐远，有效性遭到普遍质疑。

在这样的背景下，习近平主席提出"时代之问"，中国共产党提出"构建人类命运共同体"的伟大构想。"让多边主义的火炬照亮人类前行之路"，是中国贡献给世界的治理良方。

百年党史，蕴含着十分丰富的思想资源、实践智慧和精神力量，其密码就是"为人民服务"。"人民至上"是立党根基，并在实践中被不断赋予新的时代内涵。面对全球结构性问题和困境，中国致力于从结构性改革入手，形成全球性结构改革的共识和集体行动，促进全球化收益合理、公平分配。中国开始成为新型全球化的推动者。

中国确立了高质量发展与国际国内双循环发展道路，为发展中国家提供镜鉴。中国主动适应全球化趋势，遵循国际经济秩序，在"有效市场"和"有为政府"的共同努力下，优化基础设施和制度优势，降低交易成本，增强比较优势产业在国内国际市场的核心竞争力。优化营商环境，设立21个自由贸易试验区与海南自由贸易港开放高地，以高水平开放、"双循环"吸引全球资源要素，构建国内国际双循环相互促进的新发展格局，在国际经济循环中牢牢把握自主发展、创新发展的主动权。同时坚持独立自主原则，抓住科技变革的重大机遇，自主发展关系到国防和经济安全的战略性新兴产业，既为中国的创新发展提供新动能，亦在更广泛领域参与国际经济合作，为新型经济全球化注入新活力。

中国推动各国成为全球发展的参与者、受益者。新时代,中国在更大范围、更宽领域与更深层次扩大开放,为新型经济全球化提供新动力。中国通过"一带一路"倡议、举办中国国际进口博览会、开放自由贸易区、参与成立金砖国家新开发银行、加入 RCEP 等一系列举措,推动建立多边命运共同体,创造经济增长的新机遇,表明了中国在世界经济深度衰退之际仍然坚定不移地维护、促进经济全球化潮流的决心和意志,体现了负责任大国的担当。

抗疫与消除贫困无疑是当前的重大全球性挑战,中华传统文化赋予"人类命运共同体"特有的义利观,强调发展的共享、公平与普惠,为人类共同价值宝库增添了新内涵。

面对百年未遇的疫情,中国共产党坚持人民至上、生命至上,注重发挥我国集中力量办大事的优势和传统,前所未有地调集全国资源向一百多个国家和国际组织提供力所能及的物质和技术援助。中国与世界各国联手抗疫,展示出国家实力和制度优势。在消除贫困方面,自 2012 年以来,中国全面打响脱贫攻坚战,实现近 1 亿农村贫困人口脱贫,并向世界分享减贫经验,为全球减贫事业做出了重大贡献。

构建人类命运共同体,与中国共产党"和平与发展"国际形势判断一脉相承,是党的"为人民服务"执政理念的实践升华。它为建立全球治理新秩序提供方法论,为新型经济全球化提供发展理念,从人类情怀、大国责任、多边主义、全球合作等层面解决治理困境,彰显了中华民族伟大复兴进程中"利己达人"的价值理念。"构建人类命运共同体"的思想和施政方略有机整合,形成完整的理论体系、实践方案和政策诉求,反映了中国共产党的责任担当与最高使命,是中国的大国担当最真实的展现。

(作者系北京大学经济学院国内合作办公室主任、西南分院执行副院长)

统筹培育三次产业外贸竞争新优势，助力外循环良性发展

李保霞

"稳中提质"是近年来我国推动外向型经济向更高层次发展的工作重点。2019年11月发布的《中共中央 国务院关于推进贸易高质量发展的指导意见》、2020年11月发布的《关于推进对外贸易创新发展的实施意见》（国发办〔2020〕40号）和2021年两会通过的"十四五"规划，均强调外贸要转型升级，并培育新形势下参与国际合作和竞争的新优势，助力以国内大循环为主体、国内国际双循环相互促进的新发展格局构建。

进入21世纪以来，我国出口产品的技术复杂度不断提高。中高端技术制造业的出口份额持续上升，如电子设备电器类产品、运输车辆类产品。传统优势产业如纺织和家具类产品、农产品、资源类初级产品或初级加工产品等，虽然仍占据出口贸易的较大份额，但占比不断下降。出口产业转型升级持续进行。这是我国深度参与国际竞争和大力推进供给侧结构性改革的共同结果。但当前世界经济深度衰退、逆全球化浪潮较为严重，我国出口转型升级之路变得举步维艰。考虑到劳动密集型产业对稳定就业和平滑经济增长的重要作用，我们需继续巩固传统加工贸易、中低技术产业。但长期来看，继续不断提高出口产品的质量水平、技术含量，以及经济的复杂度，并努力降低产品的各种显性隐性成本，系统增强三大产业的国际竞争力仍是重点工作方向。

一、发展高品质农产品贸易，推动农业发展再上新台阶

进口高质量农产品，培育具有比较优势的农作物出口，通过农产品精深加

工和特色加工,将农产品出口打造成高附加值的中高端行业。"十四五"规划强调要坚持扩大内需这个战略基点,加快培育完整内需体系,形成全球要素资源的强大引力场。高质量农产品的进口有助于满足人们不断增长的物质需要,提高人民福祉。美国、加拿大、澳大利亚等发达国家历来具有小麦、黄豆等农产品生产的比较优势。我国可以从其他替代性农作物如水稻、茶叶、棉花等入手,针对发达国家、新兴市场国家和周边国家对食物的不同偏好,利用我国综合素质和技能水平不断提高的丰富劳动力,出口高需求、高附加值和高品质的加工农产品。

二、依托现代化产业体系,将第四次工业革命的成果转化为出口优势

"十四五"规划指出要加快发展现代产业体系,巩固壮大实体经济根基。推动对外贸易发展,特别是将第四次工业革命的成果转化为出口优势,通过出口收益更能激励实体经济主动进行科技创新、应用和发展数字化技术与智能化技术。并且,从长远来看,新技术的使用将会大大降低出口商的国际贸易成本,并对新兴市场和边境贸易的开拓提供极大便利。"一带一路"建设由我国主导,因此中国具有更大的话语权,通过将数字技术、智能制造和其他战略性新兴产业应用在"一带一路"建设上,有利于提高我国在现有全球价值链、产业链中的地位,也有利于将"一带一路"打造成低交易成本、高技术含量的高水平区域乃至世界性合作平台,使得"一带一路"建设和中国发展互相促进、高水平良性互动。

三、着力发展服务贸易,不断优化经济结构

改革开放以来,对外货物贸易一直是我国的强项,这得益于我国丰富的劳动力供给。但随着我国迈入中等收入国家行列以及人口老龄化社会的到来,传统的劳动密集型产业甚至资本密集型产业的发展已经与我国现有的资源要素禀赋和经济发展水平不相适应。着力发展服务贸易成为必然的努力方向。过去20年来,世界服务贸易的增长速度远快于货物贸易,服务业在发达经济

体的 GDP 占比在 2017 年已经达到 75% 以上。鉴于服务业和服务贸易对一国经济增长与社会福祉的重要性,新发展格局下大力发展服务业和服务贸易对于帮助我国跨越"中等收入陷阱"将发挥重要作用。党的十八大以来,中国政府采取了多重举措促进服务业和服务贸易的发展,服务贸易的发展已经取得初步成效。"十三五"期间,我国服务贸易进出口增速高于全球,2018 年占外贸比重达到 15%。2019 年,我国服务贸易进口达到世界总服务贸易的 8.7%,服务贸易出口市场份额占比达到 4.6%。同时期,美国服务贸易的进口占世界份额的 9.8%,出口则达到了 14.4%。整体而言,我国服务贸易逆差较大,服务业占 GDP 的比重不足 55%,发展仍有巨大潜力。

2020 年 1 月商务部等八部门发布《关于推动服务外包加快转型升级的指导意见》;2020 年 8 月国务院发布《国务院关于同意全面深化服务贸易创新发展试点的批复》(国函〔2020〕111 号);2021 年 3 月,"深化服务领域改革开放"也被写入"十四五"规划。从国家顶层战略来看,利用数字技术、跨境电商等新技术新业态形式,在"一带一路"建设、国内创新服务贸易平台、国际性服务贸易展会等的助力下,通过率先扶持一批优质服务商"走出去",实现我国对外服务贸易更高质量发展,将会成为未来相当长一个时期内的工作重点。除此之外,服务贸易的发展离不开人们服务意识和服务综合素质的提升,特别是服务贸易的出口对劳动力素质的要求更高,所以,统筹提高服务行业劳动力的综合素质、多渠道多模式加强相关人才培养也刻不容缓。

总之,面对复杂多变的国内外形势,我国三次产业均需稳定已有发展优势,着力解决发展的"堵点""痛点",并在"十四五"期间和 2035 年之前形成新的外贸竞争优势,为我国第二个一百年奋斗目标的早日实现贡献力量。

(作者系北京大学经济学院博雅博士后)

"建党百年"篇

"一世纪风雨兼程,九万里风鹏正举。"2021年是中国共产党的百年华诞。100年来,中国共产党领导全国人民筚路蓝缕、砥砺前行,不仅取得了丰硕的实践成果,实现了中华民族从站起来、富起来到强起来的历史性转变,深刻影响了中国乃至全球发展格局;还积累了独特的理论资源,极大丰富和拓展了马克思主义政治经济学的内容、方法与范式,为世界提供了中国智慧和中国方案。

本篇收录的8篇特稿文章①,立足于中国共产党的百年奋斗历程,旨在从理论与实践、历史与现实的多元维度,深入总结中国经济改革与发展的基本经验,阐明中国式现代化发展道路的核心内涵,为全面建设社会主义现代化国家的新征程提供镜鉴。

---

① 本篇收录的8篇特稿文章首发于《经济科学》2021年第4期。

在社会主义条件下发展市场经济是我们党的一个伟大创举

董志勇

中国共产党百年经济思想与实践、马克思主义政治经济学的创新发展、中国经济学的发展等主题,必定都包含一项共同的重要内容,即我们党带领我国人民,历经革命、建设、改革各个时期,建立了社会主义基本制度,建立了社会主义初级阶段的基本经济制度,尤其是开创性地建立了社会主义市场经济体制。习近平总书记明确指出,在社会主义条件下发展市场经济,是我们党的一项伟大创举。这既是一项经济实践上的巨大挑战,也是一道经济理论上的"世界性难题"。

从实践来看,自从世界上第一个社会主义国家苏联建立以来,几乎所有的社会主义国家最初都采取了公有制加计划经济的"苏联模式"。尽管列宁在苏联社会主义建设初期曾经短暂地实行过"新经济政策",20世纪五六十年代,东欧社会主义国家又多次尝试在社会主义经济中引入市场机制的各种"新经济机制",但是这些尝试都没有取得长期的成功,要么只是作为短期的过渡措施,要么只是为提高经济效率而向市场暂时妥协,一旦经济运行出现混乱就不得不搁置。20世纪80年代后期,实行计划经济的国家开始向市场经济"转轨"。其中,苏联、东欧国家等全盘接受了西方的经济理论和政策主张,以私有化为前提,以放弃共产党领导和公有制经济为代价,换取所谓自由市场经济,其结果我们今天已经看到了。

从理论上看,无论传统的马克思主义政治经济学还是正统的西方自由主义经济学,都否认存在社会主义公有制经济与市场经济相结合的可能,甚至认为二者是根本对立的。马克思、恩格斯在《共产党宣言》《资本论》等著作中明确提出，私有制是商品经济的基础，资本主义生产方式就是在商品生产和交换的基础上发展起来的。而社会主义和共产主义社会实行的是生产资料公有制，私有制的基础不存在了，商品经济便随之而消亡，社会不再通过市场来解决生产、分配等资源配置问题。与此同时，虽然西方资产阶级经济学是站在马克思主义政治经济学对立面的，但是其理论也认为社会主义公有制与市场经济不可兼容，资本主义私有制与市场经济才存在"天然的亲和力"。显然，要在传统的经济学理论框架中解释社会主义市场经济问题几乎是不可能的。

正如习近平总书记所说，时代课题是理论创新的驱动力。马克思、恩格斯、列宁等都是通过思考和回答时代课题来推进理论创新的。在中国社会主义建设与改革的伟大进程中，我们党始终坚持把马克思主义一般原理与中国实际和时代特点相结合，从而实现一次又一次的实践飞跃和理论创新，不断开辟马克思主义政治经济学新境界。

比如，在相当长的时期内，特别是在中国改革开放以前，"苏联模式"一直被认为符合经典作家对未来社会的设想。同时，这种经济模式对于在发展落后基础上建成的社会主义国家来说，具有资源动员、快速积累从而尽快实现工业化的显著优越性，人们几乎不容置疑地将其作为社会主义发展经济的标准模式。但不可否认的是，这种模式存在激励与约束不足、竞争性不强，从而微观动力不足、效率不高的问题。为了解决这些问题，南斯拉夫以"社会所有制"理论为基础，尝试过"企业自治模式"。还有的社会主义国家提出了"中立资本"和"个人社会所有制"的概念。这些从公有制"新解读"角度出发的尝试无一成功。还有一种思路是从国家（计划）与企业（市场）"分权"的角度出发，采取"含有受管制的市场的计划模式"。"分权模式"不涉及所有制改革，对包括中国在内的社会主义国家产生了长期影响。1956年，毛泽东同志在《论十大关系》中就"国家、生产单位和生产者个人的关系"指出："把什么东西统统都集中在中央或省市，不给工厂一点权力，一点机动的余地，一点利益，恐怕不妥。中央、省市和工厂的权益究竟应当各有多大才适当，我们经验不多，还要研究。从原则上说,统一性和独立性是对立的统一,要有统一性,也要有独立性。"可以说,直到社会主义市场经济正式破题之前,"分权模式"都有着很大影响。但是在实践中,如何在激励企业的同时约束好企业,如何在增强微观活力的同时保证宏观经济稳定,如何摆脱"一放就乱、一收就死"的怪圈,这是"分权模式"始终都没有从根本上解决的问题。

在其他国家纷纷转向"华盛顿共识"的时候,中国坚持走中国特色社会主义道路,从社会主义初级阶段这个最大的实际出发,提出了关于社会主义的本质、社会主义初级阶段基本经济制度、社会主义市场经济体制等一系列重大理论,对马克思主义政治经济学理论进行了系统的发展和创新,形成了中国特色社会主义理论体系。该理论指出,市场经济不等同于资本主义,社会主义也可以搞市场经济。市场多一点还是计划多一点,不是社会主义和资本主义的本质区别。

在实践中,社会主义初级阶段的所有制结构与市场经济体制相结合的方向和路径逐渐明确。党的十二大报告把社会主义经济制度特征概括为"计划经济为主,市场调节为辅",第一次打破了社会主义与市场相互对立的传统;党的十三大报告指出在社会主义经济中,计划和市场都是覆盖全社会的,是计划经济与市场调节相结合,在一定程度上克服了"主辅论"的局限;党的十四大报告则明确社会主义经济制度改革应以建立社会主义市场经济体制为目标;党的十五大报告为社会主义市场经济明确了所有制基础,把公有制为主体、多种所有制经济长期共同发展作为基本经济制度。

在理论上,改革的逻辑越来越清晰:从生产关系和生产力的矛盾运动出发阐释改革的历史必然性,把改革的本质归结为适应生产力发展要求的生产关系变革,以生产力的解放和发展作为检验改革绩效的根本标准;从生产关系的基础出发,把所有制结构、公有制实现形式、国有企业产权结构的改革作为调整生产关系的主要措施;从所有制和经济运行机制的有机结合出发,确定改革的总体模式,以所有制改革为基础,利用"增量改革"的办法协调企业产权制度改革与市场价格机制和竞争机制改革的关系。

由此可见,改革开放实践和中国特色社会主义政治经济学理论体系的形成和发展,就是在党的领导下,坚持用马克思主义指导中国特色社会主义经济建设与改革实践的过程,同时也是在理论上不断总结和提炼实践经验,不断发展和创新当代中国马克思主义政治经济学的过程。

党的十八大以来,中国特色社会主义进入新时代,我国经济发展也进入新时代,形成了习近平新时代中国特色社会主义经济思想。关于社会主义市场经济,习近平总书记明确指出,在社会主义条件下发展市场经济,是我们党的一个伟大创举。我国经济发展获得巨大成功的一个关键因素,就是我们既发挥了市场经济的长处,又发挥了社会主义制度的优越性。我们是在中国共产党领导和社会主义制度的大前提下发展市场经济的,什么时候都不能忘了"社会主义"这个定语。之所以说是社会主义市场经济,就是要坚持我们的制度优越性,有效防范资本主义市场经济的弊端。我们要坚持辩证法、两点论,继续在社会主义基本制度与市场经济的结合上下功夫,把两方面的优势都发挥好,既要"有效的市场",也要"有为的政府",努力在实践中破解这道经济学上的世界性难题。

回顾历史,着眼当下,展望未来,我们可以深切感受到,社会主义市场经济的提出,首先是我们党坚持实事求是,坚持把马克思主义普遍原理与中国实际相结合的产物。习近平总书记的《在庆祝中国共产党成立95周年大会上的讲话》中指出,马克思主义是我们立党立国的根本指导思想。面对新的时代特点和实践要求,马克思主义也面临着进一步中国化、时代化、大众化的问题。马克思主义并没有结束真理,而是开辟了通向真理的道路。如果我们仅仅止步于经典作家曾经讲过的话,那就不可能提出社会主义市场经济,也不可能发展好中国特色社会主义。

其次,社会主义市场经济的提出,是我们党坚持辩证唯物主义和历史唯物主义,运用辩证思维和系统思维领导改革与建设的产物。社会主义市场经济不是孤零零提出来的,社会主义本质理论、社会主义初级阶段理论、社会主义生产关系与解放和发展生产力的理论、社会主义初级阶段的所有制结构理论、社会主义的基本分配制度理论,等等,为社会主义市场经济的提出奠定了基础,与社会主义市场经济一道,形成了中国特色社会主义经济制度的有机整体。特别是党的十八大以来,我们党明确提出,公有制为主体、多种所有制经济共同发展,按劳分配为主体、多种分配方式并存,社会主义市场经济体制等社会主义基本经济制度,既体现了社会主义制度优越性,又同我国社会主义初级阶段社会生产力发展水平相适应,是党和人民的伟大创造。

最后,改革永远在路上,社会主义市场经济体制还有待完善。新时代改革开放和社会主义现代化建设的丰富实践是理论与政策研究的"富矿",我国经济社会领域理论工作者大有可为。面临世界百年未有之大变局,我们要立足新发展阶段,贯彻新发展理念,构建新发展格局,坚持从国情出发,从中国实践中来、到中国实践中去,使理论和政策创新符合中国实际、具有中国特色,保持理论和政策创新的先进性、科学性,推动中国经济的发展和经济学的发展迈上更高水平。

(作者系北京大学副校长,经济学院院长、教授、博导)

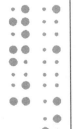

社会主义商品经济论
——改革开放以来最伟大的经济理论创新

崔建华

"谋复兴"是当前我国经济社会发展的重要主题和目标。在中国传统文化中,"谋"往往代表的是运筹帷幄的最高策略,如《孙子兵法·谋攻篇》所言:"上兵伐谋,其次伐交,其次伐兵,其下攻城。"党的十九大报告也指出:"中国共产党人的初心和使命,就是为中国人民谋幸福,为中华民族谋复兴。"近年来,中国积极推进"一带一路"倡议、构建人类命运共同体等,旨在促进各国发展的相互对接与联系,则是在"谋复兴"的基础上谋全球共同发展与繁荣。这也是中国文化中"天下观"在新时代的创新。

具体而言,"谋复兴"在经济发展方面的框架可描述为"一根本、三支柱"。"一根本"指的是中国共产党的领导,为实现中华民族的伟大复兴提供根本的思想指导和顶层设计;"三支柱"分别是学术层面的经济学思想和智慧、政府层面的经济政策理念与社会层面的经济价值观。

要充分认识中国经济发展的本质逻辑和特征,充实"谋复兴"在经济方面框架的内涵和外延,就需要从复杂的时空环境入手,特别是要向中国和世界的数千年历史文明求取经验。纵观中国与世界经济现代化的历史进程,有四点值得今人重视的方面,可简称为"DEET":其一,经济史上的"大分流"(great divergence)。这是美国学者彭慕兰(Kenneth Pomerant)提出的一个概念,他希望借此探讨农业文明背景下各国各地区的经济发展,以及工业文明之后中国与欧洲发展趋向大相径庭的原因。其二,经济现代化与经济学(economics)理论的发展在空间上的一致性。地理大发现后,西班牙、葡萄牙、荷兰等国相继崛起,第一次工业革命却不是发生在这些国家,而是发生在产生古典经济学的英国,此后法国、德国、美国、日本等国相继发展起来,与经济学的发展不无关系。世界经济现代化格局与经济学发展空间的高度一致性,具有相当的历史必然性。其三,新教伦理(protestant ethic)与资本主义的发展。在欧洲中世纪,逐利的商业行为并不被主流价值观所接受;随着宗教改革的兴起和新教伦理的发展,社会大众的价值观发生了根本性改变,商业行为也因此找到了道德的制高点。德国学者马克斯·韦伯(Max Weber)的著作《新教伦理与资本主义精神》(*The Protestant Ethic and the Spirit of Capitalism*)对这一问题有着世人皆知的论述。其四,中国改革开放四十余年来取得辉煌成就的根本原因是思想(thought)的变革。虽然改革开放是牵一发而动全身的系统工程,其中包含诸多影响因素,但思想变革的作用始终是引领性的、指导性的、奠基性的,理应引起足够的重视和研究。

改革开放以来,中国经济发展遵循两大主线:一是持续的理论创新以及与之相适应的体制改革,二是对经济全球化潮流的主动适应和参与。围绕这两大主线,中国经济发展的总体路径可被归纳为道路问题、体制问题、质量问题三个层次。就发展质量问题而言,无论是"创新、协调、绿色、开放、共享"五大发展新理念的提出,还是社会主要矛盾的变化,都说明在新时代背景下,我国经济发展不能仅仅追求数量的扩张,更应追求质量的提升。要解决经济发展的质量问题,就必须先解决体制之争,使经济达到一定的发展规模;要解决体制之争,就必须先解决道路问题。这就是历史的逻辑,也是社会主义商品经济论的学理意义和实践价值所在。

道路问题的提出和解决,几乎贯穿了中国经济发展和改革开放的全过程。中华人民共和国成立后,社会的主要矛盾是"两个阶级、两条道路"之间的矛盾,即无产阶级和资产阶级之间、社会主义和资本主义两条道路之间的矛盾。这个主要矛盾在经济思想上的集中体现,就是关于商品经济的认识问题。根据马克思主义经典作家的论述,商品经济确实与资本主义存在最终的、必然的联系。首先,马克思在《资本论》中提出,商品生产、商品交换虽然一开始不是资本主义性质的,但其发展的最终结果、最后阶段是资本主义,换言之,资本主义是商品经济发展的最高阶段。其次,马克思在对其他理论的批判中表达过类似观点。他在对蒲鲁东思想的批判中指出,不存在既消灭资本主义又保留商品生产的情形。最后,马克思、恩格斯在对未来社会的设想中取消了商品生产的存在。《法兰西内战》一文中明确表示,未来社会联合起来的生产者将按照总的计划,组织和控制全国生产,从而在根本上克服资本主义制度不可避免的无政府状态和周期性经济痉挛现象。恩格斯也认为,一旦社会占有生产资料,商品生产将会被消除,生存的斗争随即停止,此时人类才在一定意义上脱离了动物世界。

经典马克思主义的内在逻辑与理论,对于苏联和中国的社会主义建设均产生了深远的影响。对于商品经济的态度和立场,直接影响了社会主义政权的巩固和发展道路的选择。十月革命后,列宁曾说,小生产是经常地、每日每时地、自发地和大批地产生着资本主义和资产阶级的。这明显反映出列宁当时对商品经济和商品生产的警惕与担忧。改革开放前,我国同样经历了对商品经济认识的曲折和反复;直至1984年,党的十二届三中全会通过了《中共中央关于经济体制改革的决定》,其中明确指出,商品经济的充分发展是社会经济发展不可逾越的阶段,是实现我国经济现代化的必要条件。"社会主义商品经济论"是中国共产党在经济理论上的伟大创新,是马克思主义中国化最伟大的成果之一,也从根本上解决了我国经济发展的道路问题,为此后体制问题、质量问题的提出提供了先决条件。

社会主义商品经济论的提出,反映了马克思主义中国化实践历程的三个重要维度:第一是以人民为中心立场。这是马克思主义人民观的具体表现,也是中国共产党自成立以来一以贯之的宗旨与追求。无论是在新民主主义革命时期,还是在社会主义建设和改革开放的新时期,以人民为中心都是马克思主义中国化实践的根本价值追求。第二是实事求是的问题导向。问题导向是马克思主义政治经济学产生的重要前提。马克思在担任《莱茵报》编辑期间,遇到了著名的"林木盗窃法"和摩塞尔河流域农民破产问题,对于现实经济问题的关注催生了他此后的经济学研究和理论体系的创建。从某种意义上说,马克思在《资本论》及其他著作中的经济思想,很大程度上源于其早期对经济问题的关注和考察。因此,实事求是、以问题为导向是马克思主义政治经济学发展和中国化实践的重要推动力量。第三是辩证唯物主义和历史唯物主义的方法论。马克思主义旨在探寻社会发展的内在规律、探寻人类社会的最高利益,实现从必然王国到自由王国的飞跃,这种方法论是马克思主义的无价之宝。目前,在进行经济学的理论研究和人才培养的过程中,往往更加注重数学方法的应用,却忽视马克思主义哲学方法重要性,存在培养经济学"工匠"的现象和趋势,这在一定程度上背离了经济学的本质和初衷,应当引起高度重视和警醒。

社会主义商品经济论是我国改革开放以来在经济学领域提出的最伟大的思想成果之一。随着中国经济发展实践的深入推进,在中国共产党的领导下,相信中国学者将提出更多具有本土特色、国际水准,解决本土和全球的经济问题的经济学理论。

(作者系北京大学经济学院党委书记)

建党百年峥嵘路，再续高质量发展新华章

张 辉

今年是中国共产党成立100周年。这100年中，中国共产党始终铭记初心与使命，肩负着探索中国现代化道路、实现中华民族伟大复兴的历史重托，创造了中华民族从站起来、富起来到强起来的伟大飞跃。现代化之于中国，是洗刷百年耻辱、重回世界之巅的必由之路，更是集合市场化、工业化、城镇化、信息化、国际化等多重转型为一体的艰巨挑战。而工业化之于现代化，作为其生产基础，是最为关键且最难突破的一环。中国共产党正是在各发展阶段、环境、条件的综合研判下，将马克思主义政治经济学原理与中国具体实践相结合，走出了一条独立自主、有中国特色的工业化道路。鉴古知今，总结这100年来中国共产党发展中国工业化的政策和思想，将有助于在下一个百年推动中国经济持续高质量发展，进而实现社会主义现代化强国的伟大梦想。

一、社会主义建设时期：工业体系的初步建立

成立之初的新中国积贫积弱，在历经多年战争的洗劫，以及帝国主义、封建主义和官僚资本主义"三座大山"的压迫下，经济基础极为薄弱。根据麦迪逊数据，1820—1952年，中国在世界GDP中所占的比重从1/3降到了1/20，实际人均收入从世界平均水平降到了平均水平的1/4。1949年中国工农业总产值为466亿元，其中工业总产值仅为140亿元，中国主要工业品产量与历史最高产量相比直接腰斩，也不能生产汽车、拖拉机、飞机、坦克等复杂工业制成品。从工业占比的角度来看，1890年与1952年中国工业占比分别为8.1%和

8.3%,工业发展陷于长期停滞状态。

工业化作为现代化的基础,是农业社会向现代社会转型的必经阶段。当时的中国面临严峻紧张的国际环境与落后脆弱的经济条件。为了尽快完成物质资料初始积累,实现社会主义发展的经济基础,中国共产党选择了工业化发展策略,在1949—1952年三年经济快速恢复期后,制订并实施了第一个五年计划,开始了以重工业为主线的工业化战略。经过近30年的奋斗,中国的工业化取得了长足发展,1952—1978年,GDP由679亿元增长至3624.1亿元,三次产业产值结构由51.0∶20.9∶28.2变化为28.2∶47.9∶23.9,工农业总产值中农轻重比重由58.5∶26.7∶14.8调整为27.8∶31.1∶41.1,主要工业品产量成几十倍甚至数百倍快速增长。如今回顾这一阶段的工业化策略,重工业优先发展下一系列配套的制度设计,虽然存在轻重工业失调的弊端,但其对于中国初步形成完备的工业体系有着至关重要的作用。战后恢复后,工业化加速发展,麦迪逊数据显示,1978年中国工业占国民经济比重上升到33.5%,彻底扭转了1890年以来60多年工业水平始终徘徊在8%左右的根本局面,拉开了中国由传统社会向现代社会转型的序幕。新中国成立后,在中国共产党的坚定领导下,全国各族人民凝聚力量,坚持独立自主、自力更生,最终实现了中国完备工业体系的构建,从而奠定了改革开放后"中国奇迹"的根基。

二、改革开放和社会主义现代化建设新时期:全球第一工业大国

20世纪70年代末80年代初以来,随着国际形势的重大转变,以及第三次科技革命的迅猛发展,为了实现社会主义"富起来"的宏伟目标,党中央启动了从计划到市场、农业到工业、二元结构到城乡一体、传统技术到现代技术以及由封闭经济向开放经济等的多重经济转型。依据马克思主义政治经济学生产首要性的理论,工业化的加速发展无疑是推动这一阶段中国经济成功转型的关键所在。

具体到这一阶段工业化加速历程,1980—1983年的农村家庭联产承包责任制改革实现了农村剩余劳动力向城市转移,奠定了工业企业发展的原材料和劳动力供给基础。这一阶段也是轻工业快速发展的时期,农业生产率的快速提升为轻工业发展提供了充足的原材料,极大解决了之前轻重工业失衡的问题。此后,随着1992年邓小平的南方谈话,中国抓住1992—1996年超高速发展机遇(连续五年每年经济增长率都在10%以上),实现人均GDP超过1 000美元这一中低收入标准的目标,为1998年之后工业化加速发展奠定了基础;2001年加入世界贸易组织,中国积极拥抱全球化生产体系,抓住了2003—2007年第二个超高速发展机遇,人均GDP突破4 000美元,达到中等收入发展中经济体水平,为2010年中国经济超过日本成为世界第二大经济体奠定了坚实基础。同时,对1987—2012年各行业投入产出表进行分解,我们发现,1998年之后的中国经济超常规增长,其核心源自第二产业的驱动。以重化工业为核心的第二产业体系不仅推动着自身的发展,其影响效应也扩散到第一产业和第三产业,直接推动了中国经济奇迹的诞生。总之,这一阶段工业化的加速发展,实现了中国两轮保持五年及以上、每年增速超10%的经济腾飞,助力中国成功完成从一个积贫积弱的落后农业国到GDP世界第二、制造业增加值世界第一、货物贸易总量世界第一的新兴工业大国的完美转身。

三、中国特色社会主义新时代:全面建设社会主义现代化强国

进入新时代以来,面对国际国内"两个大局"的新变化,2020年,党中央提出加快构建以国内大循环为主体、国内国际双循环相互促进的新发展格局。其中,核心是要以内需这个战略基点,解决我国制造业现代化水平不足、创新能力不强的掣肘,推动我国制造业现代化水平的根本提升。

从国内市场的潜力来看,2019年中国社会消费品零售总额超过41万亿元人民币,按平均汇率计算已达到美国社会消费品零售总额的95.67%。2020年中国GDP突破100万亿元,人均收入超过1万美元,中国超大规模市场的优势正在与日俱增。我们正逐渐开始解决前一阶段下国内生产与国内消费相脱节的问题。诸多研究已经发现,国内市场是帮助一国实现产业升级、自主创新的关键。中国巨大的内需市场已经有能力且有必要为下一步国内产业

链的创新升级提供根本支撑和动力。因此,在新时代下构建"双循环"新发展格局,就是要抓住内需这个战略基点,通过畅通生产、分配、流通、消费各个环节,把生产和消费有机结合起来,以强大的生产能力支撑国内巨大的市场需求,以国内巨大的市场体量反哺生产转型升级,形成供给创造需求、需求牵引供给的更高水平动态平衡,增强创新在经济社会发展过程中的核心地位,为我国全面建设成为社会主义现代化强国开创新局面,为实现中华民族伟大复兴中国梦不懈奋斗。

(作者系北京大学经济学院副院长、教授、博导)

从大生产与小生产的讨论看中国共产党百年经济思想的探索

韩毓海

在马克思主义政治经济学中,有一个极为深刻的话题,就是社会化大生产与"小生产"之间的关系问题。在《资本论》第一卷中,马克思提出,与西方的"封建"不同,中国的经济是包纳农业、手工业、商业和信贷的"小生产","小生产"具有商品经济的特征,它可以节约成本、提高效率,从而对社会化大生产产生持续的、有效的抵抗。

在这个问题上,马克思与他的朋友们的观点不尽相同。恩格斯认为,现代化之路就是建立社会化大生产,而蒲鲁东则认为,从小生产中可以产生社会主义。于是,社会化大生产与小生产之间的关系究竟是完全对立的,还是可以互相补充的?笔者认为,这是马克思主义政治经济学中的一个重要命题,也是马克思主义中国化过程中的一个重要问题,是现代化理论中的重要问题。

陈望道翻译《共产党宣言》,王亚南、郭大力翻译《资本论》,这是马克思主义中国化历程上的两件大事。《资本论》的翻译,引发并回应了 20 世纪 30 年代的中国社会性质论战。而党的六大就是在那个时候召开的。当时,以李立三为代表的中国的斯大林派,坚持的就是恩格斯的观点——在中国搞现代化,那就是建立社会化大生产,因此,要没收一切私人财产归苏维埃所有;而以陈独秀为代表的中国的托洛茨基派,则认为中国的资产阶级已经获得了合法政权,发展资本主义在中国有进步意义,因此,中国没有进行劳动者革命、社会主义革命的条件。第三派是以陶希圣为代表的国民党派,陶希圣认为,与西方不同,中国自古就有商品经济的发展,甚至春秋战国时代的齐国就已经具有资本主义性质了。所以,中国不必经过任何革命,就可以发展商品经济、发展资本主义,即中国现代化之路上,根本不存在什么"反帝反封建"的问题。

运用马克思主义观点,分析中国社会的性质,研究中国的现代化之路,以毛泽东同志为代表的中国共产党人深刻认识到,中国有包含商品经济内容的小生产之长期存在,这固然是中国的"特色"。但是,这种小生产是简单的商品生产,一方面,没有强有力的政治力量的推动,是无法自动转化为社会化大生产的;另一方面,在帝国主义的打击下,这种小生产的商品经济是没有出路的。因此,要推动中国现代化,就必须进行彻底的反帝反封建的革命。

回顾党的历史,在赣南、闽西苏区,在陕甘宁边区,我们党的一系列经济政策,就是在努力恢复、发展和保护小生产的基础上,为社会化大生产准备条件。中华人民共和国成立后,通过社会主义改造,我们全力发展社会化大生产,为中国的现代化奠定了坚实的基础。但是,毛泽东同志在《论十大关系》中,依然十分关心重工业、轻工业和农业之间的关系问题,依然深刻思考着社会化大生产与小生产的关系问题。

历史证明,没有以现代工业体系为核心的现代化大生产,就谈不上现代化,而没有马克思主义,没有中国共产党,中国也就没有工业化。近代以来,在洋务运动的高潮下,中国工业占国民经济的8%,到1958年,中国的工业化水平不过是恢复到了洋务运动时期的最高峰,而1958—1978年这短短20年内,中国工业占国民经济的比重达到了30%,这是5000年来人类历史上从来没有发生过的事。

但是,建立社会化大生产,是不是就要消灭一切小生产?在社会化大生产确立之后,小生产是否会对社会化大生产产生有益的补充?对这些问题,马克思本人是没有答案的,而回答了这些问题的,就是中国的探索,就是马克思主义的中国化。

习近平总书记指出,我们要运用好马克思主义、中华传统文明的优秀成分、西方哲学社会科学的资源,关键还是要从我们自己做的事情出发。一百多年来,我们做的最重要的事情,就是马克思主义中国化,以此开辟了中国的现代化之路,开辟了中华民族伟大复兴之路。认真地研究我们自己做的事情,这就是我们今天学习党史的出发点,也是我们庆祝党的百年华诞的最好方式。

(作者系北京大学习近平新时代中国特色社会主义思想研究院副院长)

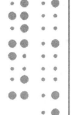

科学总结党的伟大实践，建设中国特色社会主义政治经济学理论体系

邱海平

为了庆祝建党百年，全国各地特别是各高校召开了一系列各种主题形式的研讨会，意义非凡：一是具有重大的政治意义。通过回顾中国共产党的伟大实践经验、伟大理论创新成果以及取得的历史性伟大成就，能够帮助人们加深理解"中国共产党为什么'能'、马克思主义为什么'行'、中国特色社会主义为什么'好'"，让人们更加坚定对马克思主义、中国共产党和中国特色社会主义的信念与信心，从而有利于全党全社会进一步统一思想认识和意志，正确应对各种风险挑战，克服各种模糊甚至错误的观点，更好地服务于全面建设社会主义现代化国家新征程的顺利推进。二是具有重要的思想意义。回顾党史，不仅要从实践上系统总结党的伟大成就，更要从思想上深入学习党的创新理论成果，汲取党的思想智慧，以党的创新理论和思想智慧统领自己的思想，在各种不同观点的碰撞和争鸣中始终辨明方向，从而有利于促进个人思想的解放、成长与发展。三是具有深刻的学术意义。回顾党史，更要在坚定理想信念的基础上，直面世界百年未有之大变局和中华民族伟大复兴战略全局，深入研究和科学分析当下及未来我国经济社会发展面临的诸多挑战和问题，不断创造出高质量学术成果，为党和国家事业发展建言献策，做出知识分子应有的贡献。

从学术层面来看，百年以来中国共产党带领人民推动中国革命、建设和改革事业，创造了波澜壮阔的历史，取得了举世瞩目的成就，这为经济学研究提供了众多亟待探索的宝贵课题。党的伟大实践，赋予中国经济学研究者光荣而重大的社会责任与时代使命，研究者们必须立足中国实践，用学术讲好中国故事。党的十八大以来，习近平总书记明确提出了"中国特色社会主义政治经济学"这一科学范畴并进行了系统阐述。在2014年7月8日中央经济形势专家座谈会上，习近平总书记指出各级党委和政府要学好用好政治经济学。在2015年11月23日第十八届中央政治局第二十八次集体学习会上，习近平总书记指出，要立足我国国情和我们的发展实践，深入研究世界经济和我国经济面临的新情况新问题，揭示新特点新规律，提炼和总结我国经济发展实践的规律性成果，把实践经验上升为系统化的经济学说，不断开拓当代中国马克思主义政治经济学新境界。习近平总书记的系列重要讲话极大地鼓舞了中国经济学者，促进了中国特色社会主义政治经济学学术研究的发展。然而，中国特色社会主义政治学理论体系建设依然任重道远，还存在诸多重大理论问题需要深入探索。这不仅关乎中国经济学学科建设与发展，更关系到民族崛起背后文化软实力的塑造与培育。近代以来的世界经济和经济学发展史表明，一个国家在世界经济学界的地位是由这个国家在世界经济中的地位决定的。同时，一个国家经济学的创新又是推动这个国家成为世界经济强国的重要因素。一个国家只有在社会科学理论尤其是经济学理论上取得广泛认可与引领地位，才能真正成为世界强国。

　　中国特色社会主义政治经济学发展的核心问题在于立足中国实践，构建一个更加逻辑严密的理论范式。无论是马克思主义政治经济学经典理论还是西方主流经济学，都有着清晰而严谨的逻辑主线。马克思的《资本论》以商品范畴为研究起点，分析商品的二因素与劳动的二重性，提出科学的劳动价值论，进而分析了资本主义生产过程，提出了剩余价值理论，揭示了资本主义基本经济规律，并在此基础上分析了资本的流通过程和资本主义生产的总过程，全面系统地揭示了资本主义社会经济发展的一般规律和历史趋势，论证了工人阶级的历史地位和历史责任，为工人运动和革命提供了强大的理论支撑和思想武器。当代西方主流经济学从均衡价格理论入手，一以贯之地运用成本收益分析方法，建立了系统的微观经济学理论，一方面全面说明了资本主义市场机制，另一方面论证了资本主义经济制度的"优越性"。而中国特色社会主义政治经济学还未能形成如同上述两种经济学理论一般严密的逻辑体系。由于实践和时代背景的不同、承担的理论任务的不同，构建中国特色社会主义政治经济学理论体系，既不能照搬西方主流经济学的理论逻辑，也不能照搬马克思主义政治经济学的分析框架。举例而言，根据历史唯物主义的方法论，社会主义以高度发达的生产力为基础和前提，新中国在成立乃至完成社会主义改造时的生产力水平与这个前提还相去甚远。因此，"简单照搬"或"直接套用"历史唯物主义的"生产力—生产关系—上层建筑"的范式，并不能从理论上科学地解释中国现代以来的历史，特别是改革开放和经济发展的现实。中国特色社会主义道路的形成和发展，已经在实践上既突破了西方经济学的解释范围和能力，也突破了马克思、恩格斯关于社会主义的理论设想以及传统社会主义政治经济学对于社会主义经济的理解。这就要求我们必须坚持一切从实际出发的彻底的唯物主义方法论，吸收马克思主义政治经济学理论的精华，借鉴西方经济学的有益成分，同时反对教条主义，反对模仿拼凑，进行原创的理论探究。

将国家纳入研究框架，可能是构建中国特色社会主义政治经济学理论范式的一种可行路径。马克思有许多关于国家理论的阐述与思考，马克思的《资本论》以及他的"六册计划"都表明，"国家"这一范畴本来就是马克思政治经济学研究内容的一部分。中国共产党成立百年以来，一直坚守"为中国人民谋幸福，为中华民族谋复兴"的初心与使命，而这一切的前提在于建立新的国家形态，实现长治久安，发展先进生产力，实现人民的共同富裕。中国现代历史以新中国的成立为起点，中国社会主义经济制度的建立和改革是以"现代国家"的形成为前提的。只有在国家理论的统领下，从国家的形成与发展的角度出发，才能更好地解释改革开放前后中国社会主义经济制度所具有的不同形态及其相互关系。党的十八大以来，国家发展问题更加凸显。党的十八届三中全会明确提出，全面深化改革的总目标是完善和发展中国特色社会主义制度，推进国家治理体系和治理能力现代化。党的十九届五中全会对于我们国家的未来发展轨迹做出了更为详细的刻画。正如马克思认为"资本"是资本主义所有经济范畴中的"普照的光"一样,"国家"在中国也是一种"普照的光"。所以,可以尝试重新构建新的国家及其发展的理论,将国家理论作为逻辑主线,把中国的所有制问题、分配问题、社会主义市场经济问题、微观主体问题、宏观调控问题、对外开放问题串联起来,展开中国特色社会主义经济发展道路和经济关系的全面研究与解释,进而创立一个全新的政治经济学理论范式和体系。

中国共产党历经百年艰苦奋斗、砥砺前行,形成了丰富的思想创新成果并取得了实践上的伟大成功,为我们构建有中国特色、中国风格、中国气派的政治经济学理论体系奠定了坚实的实践基础,提供了丰富的理论资源。因此,中国经济学者有条件、有能力创造出无愧于实践和时代的原创性理论成果。

(作者系中国人民大学经济学院教授、北京大学经济学院梓才讲席教授、博导)

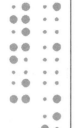

百年辉煌
——建党百年经济思想演变

王在全

回顾建党百年的历史，我们党不仅领导中国人民找到了中国成功的革命道路，还带领人民找到了成功建设一个新中国的道路，使得国富民强的百年梦想得以实现。本文拟从经济的视角，回顾百年来中国共产党是如何领导中国人民，将一个积贫积弱的半殖民地半封建国家逐步建设成为具有世界第二大经济体地位的中国特色社会主义国家的。回顾这一历程，对于我们今天继续建设中国特色社会主义，完成现代化强国的梦想，一定是大有裨益的。

一、新民主主义革命时期的经济思想(1921—1949)

新民主主义革命时期，是在中国共产党领导下进行的反帝反封建的革命时期。从中国共产党的成立到国共第一次合作的失败，这一时期的中国共产党处于幼年时期，但是陈独秀、邓中夏、瞿秋白等人对社会阶级的分析和讨论已经较为深入，尤其是毛泽东在1925年12月的文章《中国社会各阶级的分析》开篇就指出："谁是我们的敌人？谁是我们的朋友？这个问题是革命的首要问题。"同时，党对于农民和土地问题的认识也不断深化，逐步认识到在当时的中国单靠工人阶级而没有广大农民的支持和依靠，是不可能取得革命成功的。农民的核心问题是土地，早期的共产党人解决土地问题经历了从"减租减息""限田限租"到"耕地农有"的认识过程。中国共产党对当时中国半殖民地半封建社会性质的科学判断，对阶级分析、帝国主义等关键问题的正确认识，为新民主主义经济思想的诞生奠定了基础。

井冈山革命根据地和中央苏区时期(1927—1934),中国共产党围绕土地革命和农村根据地建设进行了重要的探索和尝试,丰富了新民主主义经济思想。1936年,中国工业产值仍仅占工农业总产值的38%,并且这38%的产值中工场手工业就占67%。由此可见,当时的中国仍然是一个落后的农业国。

到了延安时期(1935—1948),毛泽东在这一时期的主要经济思想包括优先发展农业,独立自主、自力更生发展经济,重视科学技术在经济建设中的作用,必须给人民看得见的物质利益,减轻人民群众负担,等等。1947年12月,毛泽东总结提炼了新民主主义三大经济纲领——没收封建阶级的土地归农民所有,没收以蒋介石、宋子文、孔祥熙、陈立夫为首的垄断资本归新民主主义国家所有,保护民族工商业——确立了新民主主义经济体系的基本框架,标志着新民主主义经济思想的成熟。

二、过渡时期和社会主义建设时期(1949—1978)

新中国成立之后,实行新民主主义三大经济纲领,国民经济迅速恢复。为了从新民主主义国家过渡到社会主义国家,我们党制定了过渡时期"一化三改"的总路线,即实现国家的社会主义工业化和对农业、手工业、资本主义工商业实行社会主义改造。到1956年年底,社会主义改造完成,我国建立起生产资料公有制占绝对统治地位的基本经济制度。

社会主义改造完成之后,一个新的问题是如何建设社会主义。毛泽东等老一辈革命家提出了马克思主义基本原理同中国实际的"第二次结合"。1956年9月,陈云同志在党的八大上提出了"三个主体、三个补充"的经济体制思想。1956年11月,党的八届二中全会正式制定了"鼓足干劲、力争上游、多快好省地建设社会主义"的社会主义建设总路线。

1954年召开的第一届全国人民代表大会提出要实现农业、工业、交通运输业和国防"四个现代化"的任务。"一五"计划成功实施后,1958年全国范围内掀起的"大跃进"和人民公社化运动,"二五"计划至"五五"计划片面强调重工业发展,片面追求高指标、高速度,显示出经济建设中出现了急躁冒进的倾向。

1964年,三届全国人大一次会议提出"四个现代化"的历史任务,并确立了实现现代化的"两步走"战略构想,即从第三个五年计划开始,第一步,经过三个五年计划时期,建立一个独立的比较完整的工业体系和国民经济体系;第二步,全面实现农业、工业、国防和科学技术的现代化,使中国经济走在世界前列。在此期间,毛泽东的《论十大关系》《关于正确处理人民内部矛盾的问题》等文章,都蕴含了具有非常大价值的经济建设思想。

到1978年改革开放前,由于受到"苏联模式"的影响,加上"文化大革命"和"左"的思想的影响,中国在优先发展重工业的战略下,逐步形成了单一公有制的所有制形式、高度集中的计划经济体制,以及"大锅饭"式的平均主义分配制度。在1978年的工业总产值中,全民所有制企业产值占77.6%,集体所有制企业产值占22.4%;在社会商品零售总额中,全民所有制企业占54.6%,集体所有制企业占44.3%。实践证明,这种过分单一的所有制结构严重束缚了生产力的发展,极大地影响了广大人民群众劳动积极性的发挥。

三、中国特色社会主义经济建设思想(1978—2012)

党的十一届三中全会开启了改革开放的大门。邓小平是改革开放的总设计师。改革开放初期,首先是打破公有制一统天下的局面,允许个体经济、外资经济、私营经济等非公有制经济的存在和发展。按照社会主义社会生产力发展的基本要求,我们党提出了社会主义初级阶段必须坚持社会主义公有制为主体、多种经济共同发展的基本经济制度,发展了马克思主义的所有制理论。

1981年6月通过的《关于建国以来党的若干历史问题的决议》,概括了十一届三中全会以来党在所有制问题探索中的新认识,正式提出了"个体经济是公有制经济必要补充"的观点。1982年9月,党的十二大报告正式肯定"个体经济是公有制经济必要的、有益的补充"。邓小平大力倡导引进和利用外资,提出要通过引进外资、引进技术来发展社会主义的生产力。1988年4月12日,《中华人民共和国宪法》第一次明确了私营经济的法律地位。《宪法修正案》第一条明确规定:"国家允许私营经济在法律规定的范围内存在和发展。私营经济是社会主义公有制经济的补充。国家保护私营经济的合法权利和利益,对私营经济实行引导、监督和管理。"

1997年,党的十五大从社会主义初级阶段的基本国情出发,以"三个有利于"为标准,对社会制度的核心问题——社会主义所有制理论做出了重要创新,即将公有制为主体、多种所有制经济共同发展提升为我国现阶段的基本经济制度。2002年,党的十六大提出"两个毫不动摇",要求必须毫不动摇地巩固和发展公有制经济,必须毫不动摇地鼓励、支持和引导非公有制经济发展。党的十七大在重申"两个毫不动摇"的基础上,进一步强调"坚持平等保护物权,形成各种所有制经济平等竞争、相互促进新格局"的思想,为中国所有制结构的进一步优化指明了方向。党的十八大强调,要完善以公有制为主体、多种所有制经济共同发展的基本经济制度。

在收入分配领域,1993年,党的十四届三中全会通过的《中共中央关于建立社会主义市场经济体制若干问题的决定》进一步提出了在社会主义市场经济体制下的分配框架:个人收入分配要坚持按劳分配为主体、多种分配方式并存的制度,体现效率优先、兼顾公平的原则。1997年,党的十五大在此基础上,进一步强调把按劳分配和按生产要素分配结合起来。同时,在改革开放进程中,邓小平还提出了"先富共富"理论,以及在不同时期如何正确处理好效率和公平的关系问题。

改革开放以来,我们对于计划和市场的关系问题的认识也是不断深化的。邓小平指出,计划与市场的关系问题如何解决?解决得好,对经济的发展就很有利;解决得不好,就会糟。苏联在这方面也没有解决好。党的十三大把社会主义有计划的商品经济体制界定为计划与市场内在统一的体制,强调计划和市场都是覆盖全社会的。

1992年年初,邓小平的南方谈话对计划与市场的问题做了更为精辟的论述,他认为"计划多一点还是市场多一点,不是社会主义与资本主义的本质区别。计划经济不等于社会主义,资本主义也有计划;市场经济不等于资本主义,社会主义也有市场。计划和市场都是经济手段"。党的十四大正式做出了建立社会主义市场经济体制的决策,并明确指出:我们要建立的社会主义市场经济体制,就是要使市场在社会主义国家宏观调控下对资源配置起基础性作用。党的十八大报告明确指出:"经济体制改革的核心问题是处理好政府和市场的关系,必须更加尊重市场规律,更好发挥政府作用。"

在这一时期,随着改革开放实践的不断深化,我们党对于建设有中国特色社会主义的认识不断深化,对于社会主义的本质、社会主义初级阶段理论、社会主义改革开放理论和"三农"问题与社会主义新农村建设都有了新的认识和界定,实现了马克思主义基本理论的创新发展。

四、新时代中国特色社会主义经济建设思想(2012年以来)

党的十八大以来,我们党在推进中国特色社会主义经济建设方面总结实践经验,进行了理论上的重大创新,首先提出坚持中国共产党的领导是社会主义的最本质特征,坚持以人民为中心的发展思想,做出社会主义经济发展进入新常态的科学判断,提出要积极推进供给侧结构性改革,指出我们在发展中必须贯彻新发展理念。此外,在坚持不断对外开放的基础上,我们党提出了"一带一路"倡议和构建"人类命运共同体"的理念。

党的十九大指出,当前社会主要矛盾发生了变化,已经转变为人民日益增长的美好生活需要和不平衡不充分的发展之间的矛盾,因此我们的发展必须是高质量发展。党的十九大提出要建设现代化经济体系。特别是党的十九届四中全会阐明了中国特色社会主义制度的诸多优越性,再次强调要坚持公有制为主体、多种所有制经济共同发展,按劳分配为主体、多种分配方式并存,社会主义市场经济体制等社会主义基本经济制度。这是对社会主义基本经济制度做出的新概括,是对社会主义基本经济制度内涵的重要发展和深化,是我们党理论创新的重要成果。

由于新冠肺炎疫情的暴发和蔓延,国际国内局势发生了复杂的变化,中国经济社会发展处于两个一百年的转折阶段,我们党及时科学识变,指出当前我国处于百年未有之大变局和中华民族伟大复兴的关键期,我们的发展处于一个新的阶段,必须贯彻新发展理念,要推动形成以国内大循环为主体、国内国际双循环相互促进的新发展格局。这些理论创新和实践经验,都会进一步激发政府、企业和人民的积极性、创造性,以更大的热情投入中国特色社会主义的建设中。

五、百年经济建设思想的启示

以上从经济的视角,回顾了建党百年来的发展历程。总结这一历史,以下几点值得我们思考。

一是信仰不变、初心不改。中国共产党在成立之初就是为了人民的幸福,为了国家和民族的复兴。因此,我们党这100年来不断取得的革命、建设和改革开放的成就,都是始终坚守初心和使命:为中国人民谋幸福,为中华民族谋复兴,为世界人民谋和平与发展。

二是坚持实事求是,坚持将马克思主义基本原理同中国实际相结合,走中国化道路。坚持马克思主义的中国化,不断推进中国化的马克思主义,是中国式道路成功的关键,是中国共产党将马克思主义推向新境界的历史逻辑、实践逻辑和理论逻辑的统一。

三是中国共产党有着强大的自我修复能力,有着敢于自我革命的决心和勇气,能够将坚持真理与修正错误相结合。百年大党,依然年轻,靠的就是这种自我革新,靠的就是这种百折不挠。在历史上,我们党也犯过"左"的或者右的错误,但是都能够调整方向,调直走弯的路。

四是中国共产党始终坚持一脉相承同与时俱进相结合。我们党在借鉴历史、传承上一代留下来的宝贵财富的同时,又不忘根据变化的实际,不断开拓进取,无论在实践上还是在理论上都坚持推陈出新,形成波浪式创新。

五是坚持走群众路线,从群众中来到群众中去。发展为了人民,发展依靠人民,发展成果由人民共享,正是这一路线方针的真实写照。

(作者系北京大学马克思主义学院副院长、教授、博导)

从理论自觉、理论创造到理论自信

方　敏

　　回顾过去100年的历史,中国共产党带领中国人民进行了艰苦卓绝的伟大革命与建设,把积贫积弱的旧中国改造和建设成一个日益强大的社会主义新中国,为实现中华民族伟大复兴的中国梦铺平了道路。目前,我国是世界第二大经济体,经济总量超过100万亿元,占全球经济的比重超过17%,对近年来世界经济增长的贡献保持在30%左右。我国人均国民收入从中华人民共和国成立之初的几十美元提高到目前的超过1万美元。困扰中华民族几千年的绝对贫困问题得到历史性解决,小康社会全面建成。在中国共产党的领导下,中国人民已经开启了全面建设社会主义现代化国家的新征程,向第二个百年的目标扎实迈进。

　　这些伟大成就的取得,是我们党一个世纪以来始终如一地践行初心使命的结果。为人民谋幸福,为民族谋复兴,必须找到正确的道路。今天,人们已经无比清楚地看到,这条道路就是中国特色社会主义道路。我们党之所以能找到这条正确的道路,关键在于党始终能够把马克思主义基本原理与中国革命、建设、改革的具体实际相结合,能够与时俱进地推动这一结合不断实现新的突破和历史性飞跃。马克思主义政治经济学是马克思主义的重要组成部分。我们党历来重视对马克思主义政治经济学的学习、研究、运用,始终坚持把马克思主义政治经济学基本原理与中国革命、建设、改革的具体实践相结合,不断丰富和发展马克思主义政治经济学,不断开拓当代中国马克思主义政治经济学新境界,形成中国特色社会主义政治经济学。

中国特色社会主义政治经济学的形成,体现了中国特色社会主义制度日益成熟定型,我们党领导经济实践的治理体系和治理能力得以充分展示,同时也标志着我们党的经济思想实现了从理论自觉经过理论创造,到理论自主和理论自信的历史性飞跃。这一成果来之不易,不是一蹴而就的,而是中国共产党在治国理政的实践和发展马克思主义政治经济学的过程中,经过艰难探索取得的。在这个过程中,我们党创造性地提出了许多马克思主义经典作家没有讲过、在别的国家也没有先例可循的经济思想和理论成果。比如,马克思在《给维·伊·查苏利奇的复信》中提出过一个著名的命题,即"俄国可以不通过资本主义制度的卡夫丁峡谷,而把资本主义制度所创造的一切积极成果用到公社中来"。马克思还曾对"资本主义制度的俄国崇拜者"提出这样的问题:"俄国为了采用机器、轮船、铁路等,难道一定要像西方那样,先经过一段很长的机器工业的孕育期吗?"但是,马克思没有告诉人们,像中国这样的半封建半殖民地国家,如何才能"不通过资本主义制度的卡夫丁峡谷""不经过一段很长的机器工业的孕育期",把资本主义制度和先进国家创造的一切积极成果用到中国社会中,使中国能够迅速地从一个落后的农业国转变为一个工业化和现代化的国家。再如,马克思、恩格斯等经典作家指出,社会主义社会由于实行了生产资料公有制,因此将不存在商品生产和交换。西方社会的发展历史表明,资本主义社会就是建立在商品经济基础上的,"资本主义生产方式占统治地位的社会的财富,表现为'庞大的商品堆积',单个的商品表现为这种财富的元素形式"。一个社会主义国家,还有没有必要、有没有可能发展商品经济?商品经济和市场经济是不是适应社会主义的生产关系,会不会对社会主义制度具有不利甚至是毁灭性的作用?

回顾历史,我们党在革命、建设、改革的各个时期,面对的类似以上重大理论与现实问题还有很多。如果经典作家没有讲过,或者实践与经典作家的设想和经典理论不符,我们就不敢想、不敢提、不敢做,那就不会有今天的中国特色社会主义事业,也不会有中国特色社会主义政治经济学。中国共产党的百年发展历程表明,党不仅明确给出了关于中国社会道路、理论、制度、文化的

"选择题"的答案,而且交出了一份关于什么是社会主义的本质、我们要建设什么样的中国特色社会主义和怎样建设中国特色社会主义的历史答卷,彰显了中国共产党勇于自我革命、不断自我革新的品质。在不同历史方位和不同发展阶段,我们党坚持从中国的实际出发,解放思想,实事求是,在思想理论上破除各种教条主义的理论迷信,自觉进行理论创新和理论创造,从而实现理论的自主和自信。

早在新民主主义时期,毛泽东同志就根据当时中国的经济社会性质,创造性地提出了新民主主义经济纲领,在探索社会主义建设道路过程中,又对发展我国经济提出了独创性的观点,特别是在深入调研基础上写就的《论十大关系》以及主持专题研讨苏联《政治经济学教科书》的过程中,以高度的理论自觉,破除了对当时苏联经济建设模式的迷信,强调"研究政治经济学问题,有很大的理论意义和现实意义",指出要以我国为主,以苏联为参考,提出统筹兼顾、注意综合平衡,以农业为基础、工业为主导、农轻重协调发展等重要观点,对马克思主义政治经济学做出了创造性的发展。党的十一届三中全会以来,我们党把马克思主义政治经济学基本原理同改革开放新的实践结合起来,不断丰富和发展马克思主义政治经济学,提出了关于社会主义本质和社会主义初级阶段的理论,提出了社会主义初级阶段基本经济制度和社会主义市场经济体制的理论,彻底破除了传统计划经济体制的思想束缚,开启了在社会主义条件下发展市场经济的伟大创举。随着改革开放的不断深入,我们党及时总结新的生动实践,不断推进理论创新,在公有制实现形式、分配体制、政府职能、市场机制、宏观调控、产业结构、企业治理结构、民生保障、社会治理等重大问题上提出了许多重要论断。

党的十八大以来,中国特色社会主义进入了新时代,形成了习近平新时代中国特色社会主义思想。2015年12月,习近平总书记在中央经济工作会议中提出"要坚持中国特色社会主义政治经济学的重大原则",这是在党的会议上首次正式提出"中国特色社会主义政治经济学"的范畴。关于这门学科的根本性质,习近平总书记在中央政治局第二十八次集体学习时专门强调:"现在,各种经济学理论五花八门,但我们政治经济学的根本只能是马克思主义政治经济学,而不能是别的什么经济理论。"关于发展和完善中国特色社会主义政治经济学的根本任务,必须"立足我国国情和我们的发展实践,深入研究世界经济和我国经济面临的新情况新问题,揭示新特点新规律,提炼和总结我国经济发展实践的规律性成果,把实践经验上升为系统化的经济学说,不断开拓当代中国马克思主义政治经济学新境界,为马克思主义政治经济学创新发展贡献中国智慧"。从站起来、富起来到强起来,我国社会主要矛盾发生了深刻变化,国际经济、科技、文化、安全、政治等格局发生了深刻调整,我国已进入高质量发展阶段。以习近平新时代中国特色社会主义经济思想为内核的中国特色社会主义政治经济学,提出了关于树立和落实创新、协调、绿色、开放、共享的新发展理念的理论,关于发展社会主义市场经济、使市场在资源配置中起决定性作用和更好发挥政府作用的理论,关于我国经济发展进入新常态的理论,关于推动新型工业化、信息化、城镇化、农业现代化相互协调的理论,关于农民承包的土地具有所有权、承包权、经营权属性的理论,关于用好国际国内两个市场、两种资源的理论,关于加快形成以国内大循环为主体、国内国际双循环相互促进的新发展格局的理论,关于促进社会公平正义、逐步实现全体人民共同富裕的理论,关于统筹发展和安全的理论,等等。这些理论成果,是当代中国马克思主义政治经济学、21世纪马克思主义政治经济学的最新发展,是适应当代中国国情和时代特点的政治经济学,不仅有力指导了我国经济发展实践,而且开拓了马克思主义政治经济学新境界。

《资本论》的早期翻译者之一王亚南先生,在中华人民共和国成立以前就许下要开拓中国自己的经济学的宏愿。在中国共产党成立100周年之际,学习"四史",特别是认真学习和深入研究中国共产党的经济思想史,对中国的马克思主义者和政治经济学者来说是理所应当的事情。如果把"四史"和中国共产党的经济思想史相互参照,我们可以清楚地看到,中国特色社会主义事业的制度建设、政策制定、改革开放的实践进程,与马克思主义政治经济学的理论学术研究存在密不可分的联系。以笔者的经历为例,笔者在读书期间学习了张友仁教授等关于社会主义经济学说史、卫兴华教授等关于共产党经济思想史、王珏教授等关于中国社会主义政治经济学思想史的著作，从中深刻感受到中国的马克思主义政治经济学学者在思考和探索中国发展道路问题上付出的努力和取得的成绩。近年来，随着越来越多的学术专著以及各种回忆录和口述史的研究面世，人们越发深刻地认识到中国特色社会主义事业的建设及其成就来之不易。理论要有说服力，必须彻底。理论要有生命力，就必须与时俱进。中国特色社会主义政治经济学大有可为！

（作者系北京大学经济学院教授、博导）

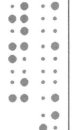

中国共产党早期经济思想的基本特征

张亚光

在中国共产党的百年历史征程中,经济活动始终是最为重要的工作内容之一。习近平总书记在 2017 年"7·26"重要讲话中指出:"近代以来久经磨难的中华民族实现了从站起来、富起来到强起来的历史性飞跃。"无论"站起来""富起来"还是"强起来",都离不开经济基础,离不开经济活动的强有力支撑。党的百年辉煌,既是一部革命斗争的历史,也是一部经济建设的历史。有关经济现象的认识、思考,对外来经济理论的引进、传播,对革命和建设实践中经济政策的讨论、制定,共同构成了中国共产党的经济思想体系。因此,中国共产党的经济思想史,贯穿党史、新中国史、改革开放史、社会主义发展史的始终。加强对中国共产党经济思想史的研究,特别是对党早期经济思想的深入探索,有助于更清晰地回答"中国共产党为什么'能'、马克思主义为什么'行'、中国特色社会主义为什么'好'",也能够为中国特色社会主义在新时代的发展提供宝贵历史经验和智慧启迪。

中国共产党经济思想的产生和发展,同样经历了马克思主义中国化的过程。而且,正如英国学者马丁·雅克(Martin Jacques)所说的那样:"早在 1949 年以前,中国共产党的马克思主义已经本土化了。"中国共产党的早期经济思想,呈现出如下四个鲜明的"本土化"特征。

一、辩证性

就理论渊源而言,马克思主义经济学说无疑是中国共产党经济思想的根基。毛泽东指出:"没有中国共产党以前就有马克思主义了,如果没有马克思主义怎么会有共产党呢?"在马克思主义思想体系内,有关经济问题的论述是最主要的内容之一。作为中国系统接受和传播马克思主义的第一人,李大钊在具有里程碑意义的《我的马克思主义观》(1919年)中最先体现了中国共产党人对待经典经济理论的辩证态度。李大钊在介绍"平均利润率"的概念时冷静地指出:"由马氏的平均利润率论看起来,他所说的生产价格——就是实际卖价——和他所说的价值并非同物。但于价值以外,又有一种实际卖价,为供求竞争的关系所支配,与生产物品所使用的工量全不相干。结果又与一般经济学者所主张的竞争价格论有什么区别?物品的实际价格既为竞争所支配,那劳工价值论就有根本动摇的危险。劳工价值论是马克思主义的基础,基础一有动摇,学说全体为之震撼。这究不能不算是马克思主义的一大遗憾。"在评价马克思的学说时,李大钊认为:"平心而论,马氏的学说,实在是一个时代的产物;……我们现在固然不可拿这一个时代一种环境造成的学说,去解释一切历史,或者就那样整个拿来,应用于我们生存的社会。也却不可抹煞他那时代的价值,和那特别的发见。"这种不盲目崇拜经典、不把经典论著奉为僵化教条的主张,开启了中国共产党以辩证法对待外来思想理论的先声。

二、群众性

中国共产党早期的经济主张和政治主张,带有浓厚的群众性和人民性。党的二大提出了一个重要原则,即党的一切活动都必须深入广大的群众里面去。中国共产党的早期成员深入全国各地城乡了解情况,并结合农商部、工部局等政府机构的统计资料,对近代中国的发展状况及原因进行了深入分析,记录了广大无产阶级的惨淡状况。邓中夏形容中国工人"工资平均不过数角,'仰不足以事,俯不足以畜',一生一世,替人作牛马";1920年,北京、上海等地的共产主义小组还各自创办了《劳动音》《劳动界》等报刊,大量刊载反映工人物质生活及其心声的时事报道和文学作品。在农村,佃农、雇工的境遇自不必说,即使是自耕农"实在的生活,也非常艰苦",还要受到军阀势力的层层苛敛和盘剥。1925年,《中国青年》刊登长文,介绍了对农民、工人、商人等社会各群体实际生活负担的调查,以及这些负担的源头即帝国主义和官僚资本的压榨。编者在文章中写道:"他们说,帝国主义者并不曾压迫中国,中国的贫乏纷乱应怪自己,不应怪帝国主义;他们说,中国没有资本家,中国的农民工人并不贫苦。让他们去创造学说吧!……(这些材料)却很足以令我们感觉中国有非革命不可的理由。"由此可见,"以人民为中心"是中国共产党一以贯之的优良作风,也是真正的初心。美国学者雷蒙德·F. 怀利(Raymond F. Wylie)也注意到,马克思主义中国化是"中国共产党第一次认真地尝试以一种大众化的方式去向中国广大民众介绍一种复杂的外来的意识形态"。

三、实践性

党的二大还提出了另一个原则,要求"个个党员不应只是在言论上表示是共产主义者,重在行动上表现出来是共产主义者"。这种理念既是无产阶级新型政党的创造性实践,也是中国传统文化"知行合一"思想的体现。事实上,马克思主义被引入中国,并不是由于这种学说新潮、时髦,而是要解决中国当时面临的紧迫的社会问题,有着极为鲜明的实践指向。李大钊在《狱中自述》里写道:"长此以往,吾之国计民生,将必陷于绝无挽救之境界矣!然在今日谋中国民族之解放,已不能再用日本维新时代之政策,因在当时之世界,正是资本主义勃兴之时期,故日本能亦采用资本主义之制度,而成其民族解放之伟业。今日之世界,乃为资本主义渐次崩颓之时期,故必须采用一种新政策。"这种"新政策"就是马克思主义指导下的政策——"对外联合以平等待我之民族及被压迫之弱小民族,并列强本国内之多数民族;对内唤起国内之多数民众,共同团结于一个挽救全民族之政治纲领之下,以抵制列强之压迫,而达到建立一恢复民族自主、保护民众利益、发达国家产业之国家之目的"。有"农民运动大王"之称的彭湃,自1922年从日本回国后,亲自投身广东农民运动,通过发起农会、起草宣言、带领农民开展经济斗争等形式,成功地实践了马克思主义关于指导农民运动的理论。1924—1925年,彭湃陆续写成报告《海丰农民运动》,详细阐述了海丰的土地分配状况、阶级构成和农民受剥削的原因,反映了其关于农民和土地革命问题的认识已经高度理性化、系统化。该报告先于1926年分四期刊登在《中国农民》上,引发强烈反响,成为"指导农民运动最好的教科书之一"。

四、试验性

在某种程度上说,中国共产党的经济思想有着经验主义的色彩。周佛海在分析俄国土地法令时说:"中国也是个农业国,将来于社会革命后,主要遇着的难问题,也有就是土地问题;所以现在把他研究一下,也可以作我们将来解决这个问题的借镜。"中国共产党十分善于从历史中吸取经验教训并运用到新的斗争建设实践中。同时,中国共产党也善于打破经验束缚,以创造性的思想和实践推动中国革命向前发展。"农村包围城市""革命根据地"等一系列创举都无前人经验可资借鉴,都是在不断遭受挫折和失败中及时调整方向并最终取得成功的。例如早在1937年,中国共产党的内部刊物中就出现了"特区"的概念,这时的"特区"指的是革命根据地。南开大学李金铮教授做的"新革命史"研究发现,中国共产党的革命根据地之间的关系颇为复杂,既接受中央的统一领导,在经济贸易等领域又有很强的独立性。根据地之间为了自身发展壮大,甚至会制定损害其他根据地利益的贸易政策,以至于中共中央在1944年5月专门给晋察冀分局、晋绥分局指示:"由于我党长期处在农村分割的游击战争环境及农民小资产阶级成分之广大,在党的历史上不但曾经存在过全党性的教条宗派与经验宗派,而且还相当普遍严重地存在盲目的山头主义倾向。……这些来自各种不同山头的干部,相互以不同的眼光、不同的标准去观察与测量对方,只看见对方的弱点,而看不见对方的优点;只许自己批评对方,而不许对方批评自己;只许对方说自己的好,不许对方说自己的坏;只觉得对方对自己不起,对自己帮助照顾不足,而不觉得自己对对方不起,对对方帮助照顾不足。"革命根据地的经济建设思想和中央对当时出现问题的总结反思,为后来的改革开放埋下了伏笔。1979年,习仲勋向邓小平汇报广东省的工作并询问改革区域的名称时，邓小平说"就叫特区嘛，陕甘宁就是特区"。可见，"摸着石头过河"的方法论，不是中国共产党到改革开放时期才意识到并掌握的，而是从革命战争时期就实践过的行之有效的经验凝练。

客观而言，中国共产党的早期经济思想还没有像后来那样具备成熟的理论体系。刘少奇曾在1941年回复孙冶方的来信时坦言："中国党有一极大的弱点，这个弱点，就是党在思想上的准备、理论上的修养是不够的。"最早担负起马克思主义中国化重任之一的瞿秋白更是坦诚地表示，当时他对于马克思主义理论的理解，"差不多都是从报章杂志上的零星论文和列宁的几本小册子上得来的"，而《资本论》更是"根本没有读过，尤其对于经济学我没有兴趣"。然而从正面影响来看，"思想、理论准备不足"这一特质也在客观上缩短了马克思主义经济理论与实践之间的相互转化周期，加速了中国化的实践进程。正如毛泽东所言："没有抽象的马克思主义，只有具体的马克思主义。所谓具体的马克思主义，就是通过民族形式的马克思主义，就是把马克思主义应用到中国具体环境的具体斗争中去，而不是抽象地应用它。"

中国共产党早期在经济工作、经济问题、经济理论等方面的各种认识、各种观点、各种思考、各种实践，不仅为当时的革命斗争提供了强有力的思想武器，也在更长时期内为新中国和改革开放之后的国家治理、政策制定提供了宝贵的历史经验。中国共产党百年来的经济思想既是不断创造完善的，也是前后逻辑一致的。我们不能割裂新中国前30年和后40年的联系，也不能割裂中国共产党成立之后各个历史发展阶段之间的联系。在新的时代条件下，深化中国共产党早期经济思想的研究，对于回顾党的早期奋斗历程、探索中国特色社会主义理论体系的思想渊源、推进中国特色社会主义伟大事业都具有重大的理论和现实意义。

（作者系北京大学经济学院副院长、副教授、博导）

参 考 文 献

董志勇,崔建华,张辉,韩毓海,邱海平,王在全,方敏,张亚光.党的百年经济思想创造与实践——庆祝中国共产党成立 100 周年笔谈[J].经济科学,2021(4):144—160.

林毅夫,李永军.中小金融机构发展与中小企业融资[J].经济研究,2001(1):10—18,53—93.

Becker, G. S. , Crime and Punishment: An Economic Approach [J]. Journal of Political Economy,1968,76(2):169-217.

Dell, M. Trafficking Networks and the Mexican Drug War [J]. American Economic Review,2015,105(6):1738-1779.

Dell, M. , B. Feigenberg & K. Teshima. The Violent Consequences of Trade-induced Worker Displacement in Mexico [J]. American Economic Review:Insights,2019,1(1):43-58.

Draca, M. &S. Machin. Crime and Economic Incentives [J]. Annual Review of Economics,2015,7(1):389-408.

Freeman, R. The Economics of Crime [M]. In: O. Ashenfelter & D. Card (eds), Handbook of Labor Economics, Elsevier,1999.

Oeindrila, D. , Omar, G. P. , & Kevin, T. From Maize to Haze: Agricultural Shocks and the Growth of the Mexican Drug Sector [J]. Journal of the European Economic Association,2016,(5), 1181-1224.